憨山大師

一鉢行天涯

高僧小說系列｜精選

江曉莉　著◆劉建志　繪

智慧與慈悲的分享

聖嚴法師

小說，是通過文學的筆觸，以說故事的方式，表現人性之美，所以稱為文藝作品。它可以是寫實的，也可以是虛構的，但它必定是與人心相應，才會獲得讀者的喜愛與共鳴。

高僧的傳記，是真有其人、實有其事的真實故事，也是通過文字的技巧，以敍述介紹的方式，將高僧的行誼，呈現在讀者的眼前，也是屬於文學類的作品，只是缺少小說那樣戲劇性的氣氛。

高僧的傳記，以現代人白話文體，加上小說的表現手法，那就顯得特別生動而富於趣味化了。我從小喜歡文學作品的原因，是佩服它有高度的說服力，並且能使讀者印象深刻，歷久不忘，並且認為高深的佛法，經過文學的表現，就能普及民間，深入民心，達成化世導俗的效果。我們發現諸多佛經的體裁，是用小品散文、長短篇小說，以及長短篇的詩偈寫成的。

近代已有人用白話文翻譯佛經，也有人以語體文重寫高僧傳記，但尚未有人以小說及童話的方式來重寫高僧傳記。故在《大藏經》中雖藏有極豐富的歷代高僧傳記資料，市面上卻很難見到。我們的法鼓文化事業股份有限公司，爲了使得故典的原文很容易地被現代的讀者接受，尤其容易讓青少年們喜愛，而從高僧傳記之中，分享到他們的智慧及慈悲，所以經過兩年多的策畫運作，推出一套「高僧小說系列」的叢書，選出四十位高僧的傳記，邀請到當代老、中、青三代的兒童文學作家群，根據史傳資料，用他們的生花妙筆、豐富的感情、敏銳的想像，加上電影蒙太奇的剪接技巧，以現代小說的形式，生動活潑地呈現到讀者的面前。這使得歷史上的高僧群，都回到我們現代人的生活中來，陪伴著我們，給我們智慧，給我們安慰，給我們健康，給我們平安。

這套叢書的主要對象是青少年，但它是屬於一切人的，是超越於年齡層次的佛教讀物。

我要在此感謝參與這套叢書編寫出版的全體工作人員，包括編者、作者、畫家、審核者、校對者、發行者，由於他們的努力，才能有這項成果奉獻在廣大的讀者之前。也請諸方先進和所有的讀者，多給我們鼓勵和指教。

一九九五年四月八日晨
序於台北法鼓山農禪寺

推薦序

人生要通往哪裡？

蔡志忠

「只有死掉的魚，才隨波逐流！」

人生是件簡單的事，是我們自己把它弄得很複雜的。

魚從來都不思考：

「水是什麼？

水爲何要流？

水爲何不流？」

這些無謂的問題。

魚只有一個最簡單的問題：

「我要不要游？
如何游？
游到哪裡？
游到那裡做什麼？」
人常自陷於無明的憂鬱深淵，無法跳脫出來。
人也常走進一條沒有出口的道路，
才發現原來這根本不是自己的人生之道。
兩千五百年前，佛陀原本也自陷於
人生的痛苦深淵……，經過六年的
修行思考，佛陀終於覺悟出：
「什麼是苦？
苦形成的次第過程？
如何消滅苦？
通往無苦的解脫自在之道。」

這也就是苦生、苦滅，一切因緣生的「三法印」、「緣起法」、「四聖諦」、「八正道」，所有攸關於人產生煩惱痛苦的原因和達到解脫、自在、清淨境界、彼岸之道的修行方法。

佛陀在世時，傳法四十五年，佛滅度後，佛陀的思想由他的弟子們傳承到後世，成為今天的佛教。在佛教的發展過程中，留下了許多動人的高僧故事。

除了《景德傳燈錄》記載著所有禪宗各支歷代高僧學佛得道的故事之外，《大藏經》五十卷的〈高僧傳〉、〈續高僧傳〉裡也記載很多歷代大師傳記典故；此外，還有印度、西藏、日本等地大師的故事。通過閱讀過去大德諸賢的故事，可以讓我們對人生的迷惘問題得到啓發。

胡適說：

「宗教要傳播得遠，

佛理要說得明白清楚，

都不能不靠白話來推廣。」

這套高僧小說也繼承這使命，以小說的方式講述高僧的故事。讓讀者能透過這些歷代高僧的故事，得以啓發人生大道。相信做爲一個中華民族的後代，身在儒、釋、道思想的傳統文化背景下，如能透過高僧小說多了解佛教思想，對自己未來人生之路的導引和思考，必定能獲得很大的益助。

自序

讓心靈自在快樂的法門

「根據一項調查統計結果顯示，現代人愈來愈不快樂……。」每隔一段時間，我總是會在報章雜誌上看到類似這樣的報導，這使我想起一位好友對我說過的話：「快樂好難！」快樂眞的難嗎？我不曉得，我只知道在我的周遭，有許多人對身邊的很多事不是那麼的滿意，當然，這其中也包括我自己。

接下《一缽行天涯——憨山大師》這本書的寫作，是個很偶然的機緣。從來沒想過自己也可以寫佛教大師傳的，原因無他，只是害怕自己對佛法的一知半解，會在無意間，將大師對佛學的領略曲解，做了錯誤的傳達。但在看了大師的相關資料後，我的想法改變了！

大師的一生充滿了艱難險阻，從四處奔走，援救「幾乎」等於被判死刑的師兄弟，到目不交睫地傾力策畫無遮大會；從被無端誣陷流離邊境，到同門的流言中傷，可以說一般世俗中人所能碰到的大風大浪全叫大師遇上了。但大師不但一路走了過來，並且還將這些挫折化爲助力，在修爲上提供給後人一個最佳典範。

是怎樣的慈悲，讓大師在他人的冷眼旁觀中執著地完成每一件看似「不可能」的事？是怎樣的智慧，讓大師在困境中一次又一次的超越肉體上、精神上的諸多磨難，去成就涅槃中的修爲？或許我們可以從其中找到讓心靈自在快樂的法門，我想。所以我決定拋開心中的恐懼，試著從「人」的角度來寫大師的生平。

大師雖爲禪門的宗師，但他的思想學說並不拘於一宗一派，因此他主張禪淨雙修：「念佛參禪兼修之行，極爲穩當法門。」而對於念佛，他也有很獨到的見解：「今所念之佛，即自性彌陀，所求淨土，即唯心極樂。諸人苟能念念不忘，心心彌陀出現，步步極樂家鄉，又何必遠企於十萬億國之外，別有淨土可歸耶？」這樣的看法，對經常因爲種種牽掛及欲求而迷失了眞我，甚至放棄自己的現代人而言，或許能有一些啓示。

01 報恩寺大火

正午時刻，熾熱的豔陽高掛著。金陵皇寺——報恩寺中，雪浪與澄印這一對師兄弟被曬得直睜不開眼睛。

這一天，正是明朝嘉靖四十五年（西元一五六六年）二月十八日。二十一歲的澄印法師與長他一歲的師兄雪浪，正捧著經書朝藏經閣的方向走去。

「好大的太陽！」澄印低著頭躲避陽光的直接照射，卻反被磨石地板的反光照得睜不開眼。

「可不是嘛！我看再多走幾趟，咱們倆的頭就可以給香積廚❶做炒菜鍋了！」雪浪頗表贊同地說。

「小心小心！別把經書摔壞了。」雪浪騰出一隻手扶住澄印懷中搖搖欲墜的經書，緊張地說：「這些可都是皇室的寶貝，大意不得！」但澄印卻像沒聽見似的，一個勁兒的只往天空瞧。

「師兄，你看！」他推了推雪浪，示意他看天空。就這麼一會兒光景，天色霎時由白晝轉爲黑夜——剛剛還好端端的豔陽，一下子像讓野獸吞噬了般，瞬間便隱入大烏雲的肚子裡，不見蹤影。就在這一瞬間，雷電交加，大雨嘩啦

啦地傾盆而下。

「好怪的天氣……。」澄印一面忙著躲雨，一面就見到藏經閣的上方閃了道白光，大雷自塔而下，這閃電又正好不偏不倚地打中閣頂。

澄印及雪浪見到這個情形先是楞了一下，驚訝得說不出話來，但當他們看到藏經閣頂冒出熊熊的火光後，立刻回過神來大叫：「失火了！失火了！快來人救火啊！」

經過他們一嚷嚷，寺內所有僧人全跑了出來。

「火……哪裡來的火……，怎麼辦？」黑暗中通紅的火蛇照得大夥兒全亂了分寸。

「別嚷嚷了，趕快去把其他人叫出來救火，快！」澄印當機立斷，提起木桶便往水井飛奔。

「怎麼會這樣？」隨後趕到的大師兄望著通紅的火舌，不知所措地喃喃自語：「這些經書全是皇室的寶貝，燒掉了可是要被砍頭的，怎麼辦？怎麼辦？」

「師兄別急，先把火滅了再說，」澄印一邊安撫師兄，一邊指揮調度：「你們幾個跟我從東側門先搶救些經書出來，其他的人從這兒排到井口運水救火……。」

在澄印有條不紊的指揮調度下，火勢曾一度被控制住，但由於起火點存放的全是易燃的書籍，在搶救不及下，火勢又再度蔓延開來，不一會兒的工夫，一百四十幾間殿堂便陷入一片火海當中。

澄印望著熊熊的烈火，兒時爭取進報恩寺的情景，以及這些年在報恩寺學習、成長、落髮、受戒的種種，一幕幕地映在火光之中……。

* * *

澄印出生的地方，是金陵全椒縣的一個小村落，父親名爲蔡彥高，母親洪氏。母親平時常拜觀音菩薩，有一晚睡覺時，夢到觀音菩薩帶了個孩子進門來，蔡母接過孩子並將他抱起，醒來後便發現自己懷了身孕，生下的孩子便是

澄印，也就是未來的憨山大師。

澄印從小身體便很單薄，經常害病，周歲時更是大病了一場，病得奄奄一息。家人爲此急得團團轉，又是找大夫、又是抓藥、餵藥，卻不見起色。這個時候，母親悄悄地到觀音菩薩面前，很誠懇地祈請菩薩保佑孩子，希望孩子長大後出家，以換得他的長壽，還將他寄名在長壽寺裡，從此家人就喊他「和尚」。說也奇怪，乳名爲和尚的澄印，從此倒也眞順順利利地長大了。

「孩子今年幾歲？是不是該給他訂門親事？」嘉靖三十六年（西元一五五七年）的一天晚上，祖父對父親提起：「這兩天隔壁的林員外、對岸的高舉人一直派人來打探我們和尚的生辰八字，我這才突然發現，咱們和尚不知何時已經長大了！」祖父拍了拍和尚寬厚的肩膀，驕傲地說。

「爹不提起，我還眞沒注意呢！」父親不好意思地說：「孩子今年也十一、二歲了，的確該爲他訂門親事，只是……，不曉得爹是不是心中已經有中意的人家？」父親探問祖父的意思。

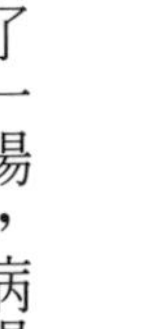

「這倒是沒有，只是提醒你，孩子大了，該爲他做些打算，否則他會怨你。」祖父連忙解釋。

坐在一旁始終不吭聲的和尚，一聽祖父這麼說，立刻反應：「不會！不會！孩兒心中已有打算，還正想找個機會，跟爹娘討論未來呢！」

「你的未來？」父親有些意外，也有些驚喜。這孩子從小就跟別的孩子不太一樣，平日總是像根木頭似的，傻楞楞的，似乎少了一股企圖心；現在竟然能主動提出自己的未來，眞叫他感到非常安慰。他更進一步問：「你有什麼打算？」

和尚見父親十分重視他的意見，也很認眞地說道：「聽說金陵報恩寺的西林永寧大師，是一位得道高僧，孩兒很嚮往到他門下學習，或許能解開我心中的許多疑問。」

話一說出口，讓在座的長輩們臉色大變，其中顯得最錯愕的，自然是父親，他帶著懷疑的口吻問：「你說什麼？是說要到寺院出家？」

和尚肯定地點點頭。

「眞是在跟我開玩笑！」父親激動地說：「自小叫你和尚，就當眞想當和尚？小孩子哪懂得什麼是出家？眞是亂來，我不准！」

和尚沒想到一說出自己的理想，會遭到父親強烈的反對，他將目光轉往母親的身上。

「的確該問問你娘，她辛辛苦苦懷胎十月生下你，又把你拉拔長大，你卻想出家，倒看看她肯是不肯！」父親仍很生氣地說。而原本坐在一旁，始終未發一語的母親，想起自己曾在菩薩面前許下了這麼個願，終於開了口：「養子從其志，只要他想清楚了，我沒什麼意見！」

儘管父親很不能接受孩子做這樣的決定，但在母親的支持下，和尚於這一年的十月，還是來到金陵報恩寺。西林大師一見他氣質非凡，感到無比的歡喜，不禁暗忖：這個孩子的骨氣確實不同凡響，如果只當一位普通的僧人，實在太可惜了。一定要請好老師教他讀書，好好栽培他，將來成就一定不可限量。

初來到報恩寺，和尚處處感到新奇，也沒有想家的情結。更高興的是，很

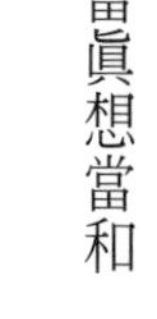

快地認識了長他一歲的雪浪。雪浪早他一年來到報恩寺，兩人一碰面就覺得很親切、很投緣，好像認識了很久，很快地成了好師兄弟。雪浪不僅帶著他熟識環境，更常與他討論所聽聞的佛法，兩人常在一起，往往被誤以為是親兄弟呢！

這段時間，無極大師正在寺內講經，西林大師便帶著和尚前往拜師，跟著大師學習。第二年，西林大師又請了對《法華經》頗有見地的俊公講授《法華經》，他在四個月內就將這部厚達數百頁的經典背熟了。接下來的一年，又背遍經常可見的經典。西林大師對和尚的表現，感到欣喜，更積極地聘請名師，教他經史子集、古文辭詩賦。十七歲時，以能吟詩作文聞名，他的文采可說是同輩中最為突出的。

嘉靖四十三年（西元一五六四年），和尚十九歲，當同齡的同學正忙著準備考試求功名，他卻深受《天目中峰和尚廣錄》❷這部書所感動，決心以出家為終身志業，在西林大師的座下落髮，專心念佛修行，大師為他取了個法名——德清。這年冬天，無極大師再度至寺裡講經，便從大師受具足戒❸，正式成爲一位出家比丘❹。因仰慕清涼澄觀法師的爲人，自己取了個字號「澄印」，從此大家稱他爲澄印法師。

＊ ＊ ＊

大火逐漸地熄滅，一串串的回憶也隨著煙火消散。

經過眾僧一下午的全力灌救，這把火仍然燒掉報恩寺絕大多數的房舍。「報恩寺就這樣毀了嗎？」澄印看著仍冒著縷縷白煙的廢墟，忍不住與雪浪相擁而泣。一時間，偌大的廣場除了斷斷續續的抽咽聲之外，沒有其他的聲響……。

報恩寺發生大火的消息，很快地便傳回宮中，皇帝在盛怒之下，立刻下了道聖旨，將包括住持在內的十八個執事僧❺逮捕入獄。而這個詔令則讓原本人氣鼎盛的報恩寺，在一夜間瀕臨瓦解——許多僧人爲了避免被牽連入獄，紛紛與報恩寺畫清界限，四散逃逸，只剩下澄印、雪浪及少數幾個執事僧不但留了

下來，並且還四處奔走，冀望能救出身繫囹圄的師兄弟。

「你眞的要走？」澄印攔住提著包袱準備離開的一位僧人問道。

他點點頭：「最近風聲這麼緊，不走不行，總不能叫我在這兒等死吧？」

「可是現在寺裡頭正需要人，」澄印焦急地說：「你們都走了，那報恩寺怎麼辦？」

「還能怎麼辦？」要離開的僧人指了指不遠處焦黑的房舍：「看看這些斷垣殘壁，你以爲還有可能恢復舊觀嗎？更何況皇上現在正在氣頭上，到處找人要追究火災的責任，這個時候大家都迫不及待地與報恩寺畫清界限，你又何苦硬把責任往身上攬？」他嘲諷澄印：「別以爲師父生前很器重你，就眞以爲自己能飛天遁地，張大眼睛看清楚事實吧！別把自己捧得太高了！」

面對這樣的嘲諷，澄印忍不住想起去年初，師父往生的情景……。

除夕夜，西林大師將所有的弟子叫到跟前：

「我已經八十三歲了，只怕再撐也撐不了多久，現在唯一叫我放心不下的，就是報恩寺的未來，這一生剃度弟子有八十多位，卻還沒有一位可繼承衣缽❻。」西林大師拍拍澄印的背，接著說：「我原指望澄印能擔當大任，但他畢竟才落髮、受戒，還不能將衣缽交給他。」

大師執起新任住持的手殷切地交代：「你雖然是大家推舉出來的新任住持，可是在寺務的處理經驗上，可能還沒有澄印來得圓融，因此寺裡如果有什麼無法解決的問題，或許可以找澄印商量。別看他年紀雖小，可是思慮周密、行事穩健，有他協助寺務我就放心多了……。澄印，」西林大師轉而拉住澄印的手：「我這一生全給了報恩寺，現在我把它交給大家，但願全體住眾能肩負起傳揚佛法的重責大任！」

正月初七，西林大師開始向大家辭行，三天後邀集大眾念佛五晝夜。到了正月十六日，西林大師手持念珠，在佛號聲中安詳地往生了。

師父臨終前的話語，猶歷歷在耳。這些年來，師父對澄印的苦心栽培與器重，也讓澄印感恩不已，除了將它深深地烙印在心裡，並且竭盡所能地完成師

父的託付外，似乎也沒有其他更好的方法來回報。

「師父臨終前曾特別交代我們要好好經營報恩寺，我不能眼看著報恩寺就這樣毀在我們的手裡。」這是他目前的心情寫照，尤其在大師兄——報恩寺的繼任住持，因爲太過自責而病死獄中後，他便更加責無旁貸地一肩扛起所有的責任，包括營救獄中的師兄弟及復興報恩寺這兩件事。

「隨便你了，」那位僧人似乎心意已決：「反正我是走定了，誰也留不住。」

他頭也不回地離開，臨走前還不忘潑澄印一盆冷水：「想想我說的話吧！這種情形連大師兄都承受不住而病死在獄中，你一個剛受戒沒多久的小和尚能做些什麼？依我看，你所做的那些事都只是徒然浪費時間而已，值不值得，自己心裡應該有數，希望下次聽到你的消息時，不是個『壞消息』！」

澄印看著他離去時一點也不眷戀的身影，不禁在心中畫下一個大大的問號——「值不值得」這個問題眞有這麼重要嗎？

就這樣，在寺中僧人紛紛離去的同時，澄印依舊每天走二十里路爲獄中師

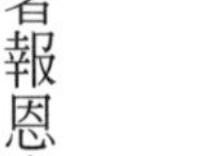

兄們送飯菜，同時在這段期間他也想盡一切辦法與官府交涉，希望能因此影響宮中的判決。

「現在外面的情形怎麼樣？」一位師兄見到澄印來探監，迫不及待地問道。

「是啊！我們都進來三個月了，要怎麼罰、怎麼處置，好歹讓我們心裡有個底，否則心裡頭老是七上八下的……。」另一位師兄蒼白著臉抱怨，而這句話似乎引起頗大的迴響。

「沒錯，更何況這種天災哪能防範？硬把過失算在我們頭上，好像也不太近情理。火災當時你在場，看得也最眞切，事情從發生到結束，根本快得讓人措手不及……。」大夥兒七嘴八舌地爲自己辯解。

「各位師兄先別急，」澄印一邊拿出帶來的素菜，一邊安撫道：「據我所知，皇上已交知府大人全權審理這個案子，應該最近就會判決。」澄印將飯菜添好，分送給每一個人，菜飯香充塞了整個獄所，但顯然大夥兒都沒什麼食慾。

「那我們會被判什麼罪名？事情鬧得這麼大，我看恐怕是死路一條了。」一位師兄沮喪地說道。

澄印見氣氛又開始沉悶，忙不迭地安慰大家：「死罪應該還不至於。就像師兄說的，這是天災，根本無從防範。所以前些日子，我已將當日的情形寫成狀子，並透過關係，呈知府大人參考。此外，我在來之前，還特地去府衙打聽最新消息，聽說大人已進宮面聖，而且似乎頗能諒解我們的苦衷。因此情況沒那麼糟，請大家放寬心，別想太多。」

經澄印這麼一說，大家才稍稍鬆一口氣，雖然氣氛仍不輕鬆，但最起碼有了吃飯的情緒。

「澄印，這次眞是多虧了你，每天走那麼遠的路爲我們送飯送菜不說，還累得你上上下下爲我們打通關節、四處陳情，師父生前果眞沒有看錯人，只可惜……大師兄等不及這一天就先走了。」吃完飯後，二師兄喟嘆道。

澄印聞言笑了笑：「是福是禍還很難論定呢！所以我想，如果這次大家有幸能夠平安出去，就不要再沉浸在過去的傷痛中，好好打起精神，爲往後復興報恩寺分頭努力，希望有一天咱們能在寺中再聚。」澄印為各位執事，也為自己打氣。

一週後，官府下了判決，澄印這段時日的努力奔走顯然有了成效，結果出乎意外地好——這些負責防火事宜的執事僧全被判發配邊疆，沒有人因為此案而被處斬。這項結果讓澄印大大地鬆了口氣，但官司結束後接踵而來的債務問題，卻成為他必須面對的另一個難題。

「……師兄，還有一件事……。」在一次閒聊中，澄印欲言又止地頓了頓，說道：「寺內的經濟狀況一直不是很好，這些日子大師兄的喪葬費及陸陸續續發生的訴訟費用花了不少錢，再加上師父過世後的負債，到現在都還沒還清……。」他翻開帳冊，逐筆向雪浪說明。

「這麼多債務怎麼還得清！」面對堆積如山的借據，雪浪無奈地撫了撫自己糾結的眉宇，「怎麼辦呢？」他問，隨即兩人陷入長長的沉默。

片刻後，澄印清了清喉嚨，試探性地說道：「我想，我們是不是可以變賣寺產去清償部分的債務？至於剩下的負債，我再去其他寺院兼課償還，這樣大概三、四年就可以還清所有的債務了。」

「變賣寺產……，」雪浪面色凝重地說道：「看來這也是沒有辦法中的辦法，也好，照你說的去辦吧！這些日子來我也想了很多，復興報恩寺是個大工程，但是依我們目前的能力、修爲，恐怕連一間藏經閣都重建不起來。所以我想，當務之急應該還是好好充實自己，相信你也已有打算，那我們就各自努力吧！希望有一天我們能讓報恩寺再恢復往日的盛況。」

❖註釋❖

❶香積廚：寺院中的廚房。

❷《天目中峰和尚廣錄》：收有元代著名禪師中峰明本的開示、雜文、詩作等。

❸具足戒：為比丘、比丘尼當受的戒，比丘二百五十戒，比丘尼三百四十八戒。

❹比丘：出家人中受過具足戒的男眾。

❺執事僧：寺院中，掌管各類職務的僧人，又稱知事。

❻衣缽：衣是出家人的法衣，缽是吃飯用的器具。衣缽合起來，象徵師徒的傳承。

02 決心北遊

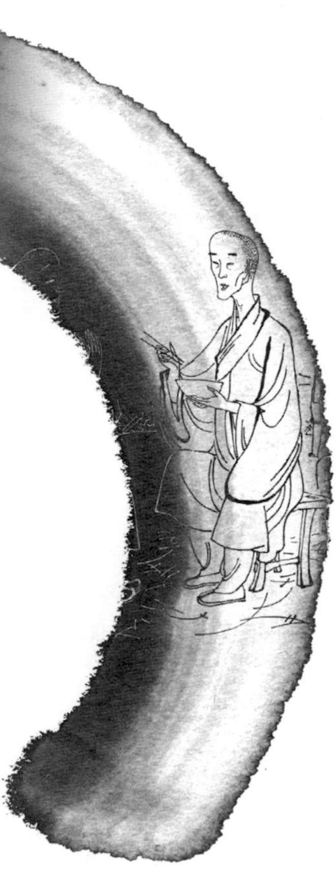

與雪浪深談之後，澄印開始他的參學生涯。就在這年（嘉靖四十五年，西元一五六六年）的冬天，澄印法師來到天界寺，聽無極大師講《法華經》。當時的天界寺，因爲有德高望重的無極大師在此講學，吸引不少僧侶前來聽講；他也藉此機會觀察四方僧，嘗試尋覓有志一同的遠遊伴侶，然而，久久卻沒有著落。

在天界寺時，澄印留意到寺裡的後棟廁所打掃得異常乾淨，而且每天清晨在大家起身之前便完成了清潔的工作。他暗想這位淨頭❶必定不是尋常人，也引起澄印的好奇，想一探究竟。於是，澄印在夜裡起身觀察那位淨頭的動靜，卻見到一位面色黃腫的病僧已在收拾工具了。

幾天後，發覺那位淨頭不見了，廁所也不像往日那般的潔淨，他終於按捺不住內心的疑問，向寺內執事打聽他的下落。

「喔，你是說妙峰啊？」執事僧經他這麼一問，立刻明白，回說：「他生病了，而且似乎還病得不輕呢！」

澄印聽了執事僧的解釋後恍然大悟：「原來是生病了，難怪這幾天廁所都沒人清掃。」

澄印道謝後，便迫不及待地去找妙峰。第一眼見到妙峰時，澄印著實地嚇了一跳：「你……還好吧？」澄印不確定地問候。眼前這個僧人似乎病得不輕——清癯的臉龐配上醬黃的氣色，看起來有些嚇人，彷彿隨時會兩腿一蹬、魂歸西天似的。

「不好，」他氣息微弱地說：「我剛到南方就得了怪病——全身長滿這種不知名的腫瘡，」他用眼神示意澄印看他腫脹的雙手，「本來以爲好好休養一陣子就可以，誰知道竟愈來愈嚴重，現在連手都沒辦法舉起來。」

「要不要我去幫你請個大夫？」澄印見他發膿、潰爛的手臂，皺著眉問。

「沒有用的，每個大夫都說是水土不服，回北方就沒事了……。」他有氣無力地解釋。

澄印見他氣息奄奄的模樣，一時間也不曉得該怎麼辦？只好呆站在原地，同情地看著他費力地調整臥姿。

「咦！這是什麼聲音？」澄印忽然聽到一連串「咕嚕咕嚕」的聲響。

「是我的肚子在叫，」妙峰看澄印百思不解的樣子，不好意思地解釋：「我好幾天沒吃飯了，所以現在一想到『食物』這兩個字，就會有這種反應。」他尷尬地笑了笑，並對自己的肚子斥喝道：「別叫了！」沒想到肚子卻反而叫得更大聲。

澄印見妙峰一副餓壞了的模樣，不禁頑皮地調侃他：「原來是『思食病』，這個好辦，忍耐一下，食物馬上就到！」隨即去張羅齋食。

「吃完飯果然病就好了一半。」妙峰以不可思議的速度吃完飯菜後，撫著肚子滿足地說道。

「那現在你可以告訴我，你從哪裡來，又怎麼會病成這樣？」澄印見他毫不矯作的態度十分欣賞。

「這個說來話長，我七歲時父母雙亡，十二歲出家，十八歲因爲受不了師兄的苛刻離寺出走，後來被文昌閣萬固寺的朗公收留，才開始過比較安定的生活。誰曉得二十二歲的時候，蒲郡東山發生大地震，那次死了不少人，偏偏我福大命大，沒被倒塌的房屋壓死，反倒被河東山陰的王爺所賞識，他不但盡力

栽培我，還資助我到南方遊學、修行。」妙峰一口氣說完自己的生平。

「原來如此，那你南遊也好一陣子了吧？」澄印聽完妙峰的自我介紹後興味盎然地問。

「也不算久，只是我這個身體，恐怕不太適合再繼續南遊……。或許等這次身體稍微好一點，我就要回山陰向山陰王報告這段日子遊歷的心得。」

「眞的！」澄印興奮地大叫：「那等你要回北方的時候，可不可以通知我一聲？我從十九歲受戒、聽講《華嚴玄談》❷以來，就一直希望有朝一日能到五台山❸參訪。」

「去五台山？」

「是啊！到時候我們就可以結伴而行，路上互相有個照應了。」澄印熱切地說著。

妙峰見他正在興頭上，不忍澆他冷水，只淡淡地說道：「再說吧，還不曉得什麼時候要走呢！」

這天澄印與妙峰一直談到深夜才意猶未盡地分手，這個意外的收穫讓澄印相當興奮。誠如他自己所言，北遊是他兩年來最大的夢想，但這個夢想的具體成行，卻是在報恩寺發生大火之後。因此這段期間，他除了拜訪名師虛心求教之外，也廣結僧緣，希望能在當中發現志同道合的同伴相偕北遊。可惜在妙峰之前他一直找不到這樣的有緣人，所以這次的偶遇對他而言，寓含有相當重要的意義，因爲那表示這個夢想的實現爲期不遠。

與妙峰促膝長談後，澄印因忙於聽講修學而抽不出時間去看他，幾天後，當他再去客房找不到妙峰時，他的心情頓時跌入谷底。

「妙峰什麼時候走的？」澄印問執事僧。

「昨天一大早，他跟師父辭行後就走了。」

澄印聽到這個回答，當場像洩了氣的皮球般說：「那他有沒有交代什麼？」

「沒有耶！」執事僧歪著頭想了一下。

「我早該想到自己是個累贅的。」他喃喃自語地說道，語氣有說不出的失望，因此只好暫時拋開北遊的念頭。

隆慶元年（西元一五六七年），報恩寺的僧眾們推舉虛谷法師爲住持，試圖挽救寺內的頹勢。而失火造成常住眾將近千金的負債壓力，便由二十二歲的澄印法師一肩挑起責任，用三年的時間設法償還。這一年，澄印也奉禮部之命，在報恩寺殘留的寺堂中辦學，傳授僧徒經史之學。此外，他也陸續受聘到其他的道場❹講學。

儘管已開始講學，澄印卻念念難忘北遊參學的夢想，期望以修行、增長學養，來等待時機復興報恩寺。隆慶五年（西元一五七一年），他與雪浪法師同遊廬山，一路上卻見到佛教的衰敗：寺院殘破不堪、僧人留髮，這些情景又讓澄印感慨不已，振興佛法的悲願，在他的心中激盪著。

這一年，在十一月的寒冬，澄印決定獨自持缽遠遊，卻遭到雪浪的極力反對。

「不行，我不贊成！」雪浪大搖其頭：「你從出生到現在，二十五年的時間都是在四季如春的江南長大，一下子跑到天寒地凍的北方，怎麼受得了？更何況你身體一向不好，萬一路上有個三長兩短的，誰來照顧你？不如先跟我去華中遊歷，如果還能習慣那邊的氣候，再做打算如何？」他提出建議。

澄印對雪浪的這個建議一點也不考慮：「師兄，我知道您是爲我好，可是我如果連這點苦都沒有辦法吃，又怎麼去談修行？」他提出他的看法。

「那不叫吃苦，叫冒險！」雪浪態度堅決地說：「我是絕不會贊成你去。」

澄印見雪浪這麼堅持，不得已只好暫時妥協：「好吧！我暫時不提就是了。」

表面的妥協，抵不過內心的願力，終於，澄印法師罔顧師兄的反對，持缽北行。

對於澄印的不告而別，雪浪只能在凜冽的寒冬中，在心裡用最誠摯的聲音，祈求佛菩薩保佑這位執著的年輕僧人，能夠平安達成他的心願。

❖註解❖

❶淨頭：禪林中負責掃廁所的職稱。

❷《華嚴玄談》：唐代澄觀法師摘錄《華嚴經疏》等書中有關玄談部分，集結成書。

❸五台山：又稱清涼山，在山西省境內。佛教四大名山之一。

❹道場：佛寺或佛堂，是佛弟子學佛、修行、弘法、供養佛菩薩的主要場所。

03

龍門靜修開悟

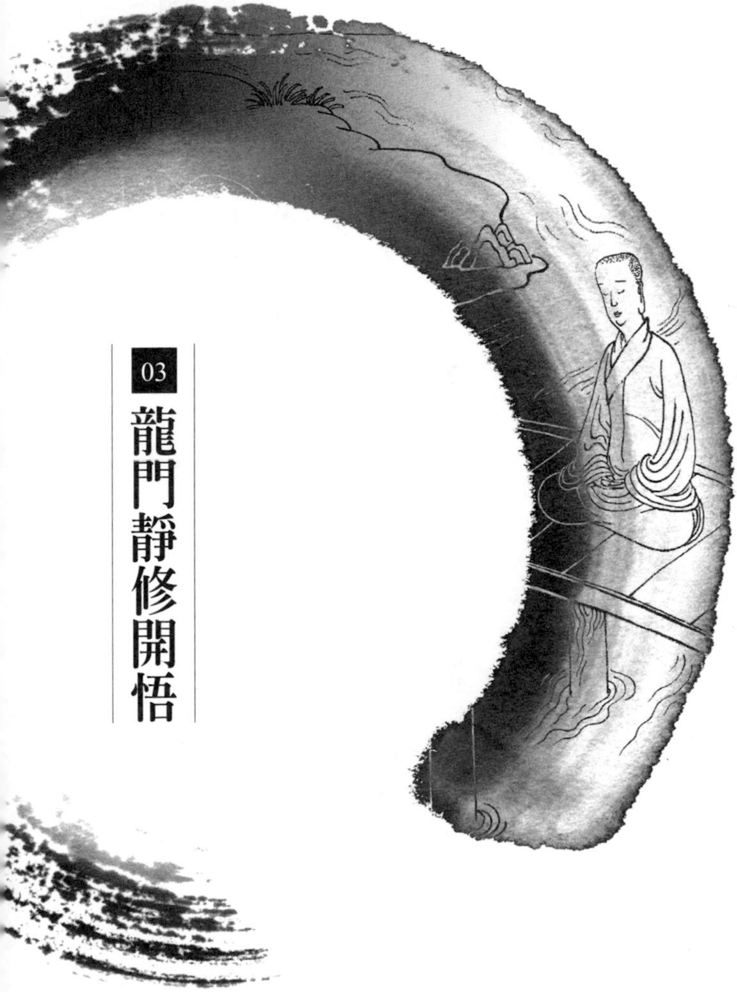

離開報恩寺後，澄印一路行來並不順利，先是在揚州被大雪困住，又因爲不習慣當地的氣候而舊疾復發。爲了養病，他在揚州耽擱不少時間，但他卻不以爲忤，反能隨遇而安，體會自在的日子。

「叩叩叩……。」澄印在門外站了許久，確定沒人理他後，默默地走入大雪之中。怎麼會這樣呢？過去報恩寺的成長經驗，使他不懂得什麼叫做「被拒絕」；因之，在連續幾天出門化緣❶一無所獲後，他開始非常認眞地思考這個問題。

「這些錢應該還足夠維持幾天，到時候如果再化不到緣，日子恐怕就難過了。」他在心裡盤算著。摸摸口袋中所剩無幾的銀兩，他突然有一種想法：這段日子化不到緣，問題是不是就出在這些銀兩身上？過去他一直認爲，即使化不到緣，也還有這些錢救急，但如果今天他連這些「倚靠」都沒了，情況是不是就會截然不同了呢？

「置之死地而後生！」他豁然開朗，於是便往街角走去，邀請了幾個同病相憐的僧人，到附近的客棧叫了幾樣素菜大快朵頤；吃完飯後，他感到一種前

所未有的暢快——沒了錢不但不恐懼，相反的，還因為不必每天盤算能再支撐幾天而少了些許無形的壓力。

突破化緣的心結後，澄印對自己北遊的信心更加堅定，靠著沿路托缽乞食以維持基本生計，不知不覺中竟也一路走到北京。四處掛單、請法的澄印，沉浸於法華、唯識❷、因明❸等深奧的佛理與思辯之中，感到無比的歡喜。

「還記得我嗎？」隆慶六年（西元一五七二年）十一月的一日，一位僧人造訪澄印。

「你……。」澄印上下左右打量眼前的僧人一段時間後，還是想不起來曾在哪兒見過這個滿臉絡腮鬍子又披頭散髮的奇特僧人；但另一方面，他卻又覺得對這個人有一份說不出的熟悉感。

「還想不起來？那個得『思食病』的人啊！」僧人提醒他。經這麼一提醒，澄印楞了楞，隨即興奮地拍了自己的額頭一下：「妙峰！是妙峰法師！太意外了，沒想到會在這兒碰到你，難怪我剛才一見到你就有種莫名奇妙的親切感。看看你這身打扮……，」他往後退一步再仔細瞧瞧：「你不說，我還真認不出是你呢！」

妙峰抓了抓自己過肩的長髮說道：「哈！我改頭換面了！難怪你認不出來。」

「嗯！這是本來面目，多自在！」兩人不禁相視而笑。

「我在山中住久了，所以頭髮這麼長也沒剪。前兩天因有事進京，正巧聽一個僧友談到你在此地，本想立刻趕來與你敍敍舊，不過臨時被一些事情絆住了，所以才會拖到今天。說實在的，見到老朋友的感覺眞好！」妙峰衷心地說。

「我也是，上次你不告而別讓我難過了好久，這次說什麼我也要盯牢你，免得你又憑空消失！」澄印笑說。

妙峰聽了很不好意思地說道：「其實上次是情非得已，當時我病成那樣，連自己都不曉得過不過得了明天，如果眞要跟你結伴北上，恐怕只會拖累你。所以我思前想後，還是決定一個人上路，若回得了山陰最好，要眞回不了，也只好認命，最起碼不會拖累別人。你呢，最近怎麼樣？北遊有沒有什麼收

穫？」他關心地問。

「還好，我打算這兩天要去拜訪徧融及笑巖兩位大師，有沒有興趣一起去？」

「我很想去，不過這次上京城有個很重要的任務——要刻印一套經書回山陰，所以……。」妙峰十分惋惜地說。「不過等我完成這次任務之後，我們就可以結伴雲遊，你看怎麼樣？」

「好啊，就這麼辦！」澄印與妙峰約定。

送走妙峰之後，澄印立刻前往徧融大師的住所求教，但徧融只是直視著澄印，一句話也沒說。他又轉向笑巖大師請益，笑巖一見到他，便問：「你從哪裡來？」

「從南方來。」他回答。

「記得走過哪些路嗎？」大師又問。

「不記得，走過就忘了！」

「你來的地方卻是清清楚楚。」他說。

這一問一答，簡簡單單的幾句話，卻充滿了禪機，也只有他們才知道其中的意義囉！

爲圓北遊的夢想，萬曆元年（西元一五七三年）正月，他獨自往五台山的方向走。五台山又稱清涼山，一直是澄印法師心所嚮往的地方。他先是按照《清涼傳》中，遊五台山的行跡路線走，到達北台後，聽說有座山名爲憨山，景色相當特殊，不禁四處打聽它的位置。

「聽說這兒有座憨山，風景奇秀無比，不知道是哪一座？」澄印在北台山問一個路過的僧人。

「就是那一座。」僧人往遠處比了比。澄印順著他的手勢看過去，只見遠方一座山巒在山嵐飄忽中若隱若現，像極了一個容貌娟秀、性情水靈的脫俗仙子。澄印當下看得失了神，「果然秀麗非凡，有如人間仙境，」他喃喃念道：「憨山、憨山……，好一個『憨』山——與世無爭、遺世獨立……，不如日後我就以此爲號！」他滿意地點點頭。

「憨山」這個山名，可是有來頭的，還和秦始皇有關呢！原來秦始皇一心想渡海求神仙，找尋長生不死的藥，可是大海遼闊，怎麼渡過呢？秦始皇竟異想天開地想「鞭石成橋」，渡過茫茫大海，而目標正是五台龍門的一座山。可惜憨山竟然不理睬聖旨，任由鞭打而絲毫不爲所動！

正月的憨山，正值天寒地凍，冰雪未融，沒有辦法久住，澄印只好再度回到京城。

從五台山回來後，澄印遊歷到京西山遍訪當地的名仕鄉紳，但這段期間的收穫並不大。因此在萬曆二年（西元一五七四年），他二十九歲時，接受妙峰的邀請，到山陰結冬。

住山陰期間，澄印法師受到極周到的招待，也能安下心來讀經。這一天，當澄印校閱僧肇的《物不遷論》一書時，過去在心中纏繞的種種疑點，突然間有所領悟，了然於心，原來一切法本來就沒有所謂的「來」與「去」。

他下禪床禮佛，心中並沒有動的感受；他揭開門簾，站立在石階前，望著

庭院的景致。忽然間，大風吹起，枝葉飛舞，卻渾然不覺景象在動。他走去上廁所，小解時，見到尿液的流出，卻沒有流動的感覺。此時此刻的心境，就好像旋風狂吹山岳，山卻靜止不動；江河的水向前奔流，江河卻不流。

七歲時，叔父過世、嬸母生子，帶給澄印極大的迷惑。他始終不能理解，死，是死向何處？生，又生從何來？這個埋藏在心裡多年，對生死去來的疑問，頃刻間消釋了，他寫下這首看似可笑，卻是意義深遠的名偈：

死生晝夜，水流花謝。
今日乃知，鼻孔向下。

生命的來去、生死的流轉、宇宙間的運行，原來就如同鼻孔朝下般的自然。

第二天，妙峰法師見到澄印一臉的法喜，忙問是否在修行上有所心得？澄印笑著對妙峰說了句頗有禪機的話：

「夜來見河邊兩箇鐵牛相鬥入水去也，至今絕消息。」

這句話可沒考倒妙峰，他一聽便知澄印以兩隻鐵牛象徵「生」與「死」、「來」與「去」、「動」與「靜」這些對立的現象。這曾困擾著澄印的難題，現在均已消失了，所有的對立現象已經不存在了。妙峰法師知道澄印在禪修上已頗有突破，不禁爲他感到歡喜道：「恭喜法師，從此有住山修行的本錢了。」

萬曆三年（西元一五七五年）正月，在山陰王的全力支持下，澄印與妙峰由河東山陰一起上五台山。二月時，澄印決定住山清修，此地塔院寺住持大方法師以爲北台龍門很適合修行，特別空出幾間老屋供澄印住山用。

於是憨山大師展開了龍門靜修的生命歷程。

提到龍門，當地居民的直接印象，就是它的氣候詭譎多變，經常風雪交加，再加上澄印所住的木屋正好位於一個水源豐沛、落差極大的瀑布旁，因此嚴格說來，這裡並不是個適合出家人清修的地方。但在澄印眼裡，卻是群山環繞、冰雪皓皓、視野遼闊，一到此地，頓感身心舒暢，彷彿踏入極樂國土。

當安頓好住所後，住下不久，妙峰卻繼續遊夜台，留下澄印獨自住在龍門。喜歡打坐的澄印，選定了瀑布前的一座獨木橋，每天往橋上一坐，心中只存一念，即使有人經過他身邊，也不理會。這樣坐了一段時間，看到人就彷彿見到樹木般的沒感覺，甚至眼前的景物完全注意不到。

眼前的景物，可達到視而不見的境地，外在的聲音，卻帶給澄印困擾。由於四周常颳起大風，風聲怒吼，瀑布俯衝而下，水勢激盪奔騰。當內心很安靜時，風聲、水聲卻有如千軍萬馬，讓人不想聽也難。

當妙峰法師回來時，澄印便將自己的問題求教於他：「外在環境干擾，其實都是自己內心所產生出來的，並不眞是外界造成的。古人曾說過：若聽了三十年的水聲，內心可以不受影響，就達到觀音耳根圓通❹的境界了。」

經妙峰這麼一點，澄印若有所領會，再回到獨木橋打坐。剛開始，水聲依然清晰可聞，但隨著心念逐漸地沉穩，外界的水聲、風聲竟慢慢地遠離了。偶爾動念時還聽到水聲，心念不動時再大的聲音也聽不到了。有一天，澄印照例在橋上打坐，當將身體完全忘卻時，外在的音聲也消失了，只感到四周一片寂

靜，從此不再爲音聲所干擾。

就這樣，在一個月後的某一天早晨，澄印用完粥，在室外經行❺時，突然間入定❻，感到身心都不見了，彷彿包藏在一個圓滿寂靜的光明體中，就如同一個大圓鏡，山河大地的影像均呈現在鏡中，是那麼地清楚、明白，但想要在其中尋找自己的身心，卻又遍尋不得，更不知自己身在何處？當體驗到內在身心世界與外在宇宙世界合而爲一的境界後，澄印寫下一偈：

瞥然一念狂心歇，內外根塵俱洞徹。
翻身觸破太虛空，萬象森羅從起滅。

在這次悟道的經驗後，澄印找不到人請教，於是展讀《楞伽經》以求證這種種體驗。過去從沒有聽聞過這部經的講解，完全不懂經的內容，現在發現自己像突然開了竅似的，在閱讀經書時，不但能完全理解它的內容，而且還能觸類旁通、旁徵博引一番。閱讀了八個月後，整部厚厚的《楞伽經》的中心思想，便完完全全地明白了。因此這次的開悟，對增進他的道業而言，有舉足輕重的影響，同時也爲他未來的發展奠下了紮實的根基。

住山期間，也偶有舊識、高僧來訪。開悟後的這年夏天，雪浪法師北來探視澄印。自澄印離開報恩寺北遊，一別就是五年，兩人能在五台山重逢，令人欣喜，兩人相談到深夜，對各自的種種際遇，是感慨良多。雪浪見澄印居住在冰雪堆中，想起兩人在報恩寺患難與共，不禁立下共生死的誓言，想留在五台山與澄印一起修行。

然而，澄印卻不以爲然：「師兄，人各有志，也各有各的法緣，您應該在江南弘法，以延續佛法的生命，而不該像我這樣，入山修行，終老山中。江南的佛法已衰微了，您應當傳承無極大師的法脈，荷擔大師囑託，爲弘揚正法而努力，才不辜負出家的因緣。」

雪浪知道澄印的志向不在江南一帶，他住山修行有他更超然的志向，而自己對南方也確實有份責任與情感。經過一夜的深思熟慮，第二天一早便辭別了

澄印，此後雪浪在南方弘化說法三十年，度眾無數。

另一位令澄印欣喜的訪客是蓮池大師。這位被後世尊爲淨土宗第八祖的大師，過訪龍門時已四十二歲，較大師年輕十一歲的澄印，特別邀請大師留住山中多日，兩人日夜對談，非常投契。澄印不禁讚歎蓮池大師在佛學上的造詣，以及禪淨雙修❼的體悟。這一次的深談，兩人成爲一世的道友，蓮池大師往生後，他的弟子請憨山大師作塔銘；而憨山大師的法像，也被掛在蓮池大師的道場雲棲寺中。

無人造訪的時候，澄印仍獨自一人閱經、禪修，日子過得單純而充實。可惜像這樣清靜、樸實的日子，並沒有維持太久。

萬曆四年（西元一五七六年）十月，提供澄印屋舍居住的大方法師，遭人誣陷入獄，官府可能裁決要他還俗發配邊地，他原主持的塔院寺到了瀕臨瓦解的田地。這個消息傳到澄印耳裡，他馬上決定要出面，與負責審理這件案子的平陽太守胡順菴交涉。

❖ 註釋 ❖

❶化緣：出家人向人募化金錢、食物等，以結佛緣。

❷唯識：又稱唯心，謂世間一切現象皆由心的作用而起。這是佛教探討宇宙人生的一門科學。

❸因明：源自古印度哲學的一種辯論推理之學。

❹耳根圓通：修行人到了某種境界後，能突破原有的聽力極限，使耳根圓滿通暢。

❺經行：禪修的方法之一。練習在走路時，動中修禪，也可達到身心統一的境界。

❻入定：打坐的時候，心不散亂而住於一境的狀態。

❼禪淨雙修：修行的方法以禪修和念佛的淨土法門並重。

04

搬入太守府廣結善緣

澄印與胡順菴其實早在萬曆元年（西元一五七三年）就已相識——當時他與妙峰正打算上五台山修行，由於受到山陰王的大力支持，因此所到之處都頗受當地政府官員的禮遇。在這樣的因緣際會下，澄印與胡太守便有了第一次的接觸。

這一趟，澄印冒著大風雪前往太守府，胡太守見到澄印法師很高興地說：「我正在擔心，五台山的風雪短期間恐怕不會停止，所以寫了一封信請家丁迎請法師前來避風雪，沒想到法師自個兒來了，眞是眞誠所感。」

「我這趟來可不是爲了避大風雪，而是爲了塔院寺住持大方法師的訴訟案件而來的。目前塔院寺的僧眾們，個個人心惶惶，大方法師的未來決定著道場的前途。不知這件案子，太守是否仔細調查清楚？若誤判罪名，也是造業❶啊！」澄印開門見山地說出造訪的原因。

「嗯！」太守收起歡喜的臉色，皺了皺眉頭說：「大方法師的案子與盜林有關，還眞有點棘手。」

「說到盜林，太守可知不少盜伐商人快將五台山變成一座『禿山』了！」

澄印忙不迭地切入主題。

「喔？是這樣嗎？」胡太守頗感意外。

澄印便將他在五台山所見到的情況，向胡太守報告。原來盜林的商人，表面上看來是經過合法申請，而且官府也的確不定時上山抽檢，問題是：官府排定抽查的日子，他們就乖乖地在合法林地砍伐，但官爺一下山，又到處濫墾濫伐，眼看五台山快成了不毛之地，國家要修建寺院也無所取材了。大方住持爲了保護五台山的山林，常常前去阻止商人濫砍，卻引起商人們的不滿，因而想盡辦法誣陷大方住持。

「有這回事？」胡太守撫了撫下巴，皺著眉問。

「前不久，塔院寺裡常常出現一些莫名其妙、遭人砍伐的珍貴木材，接著官府的差役便來了，大方住持很自然地被控不法砍伐森林，而淪爲階下囚。」

胡太守聽了澄印的話之後，眉頭糾結得更厲害：「如果事情眞如您所說的這麼複雜，那可眞得要好好查查到底是誰在背後搞鬼？」

「的確該仔細查辦，」澄印十分贊同：「濫砍的問題，對五台山的影響確實很大。」

山裡的樹木不僅是寺院的主要建材，更具有保護土壤的功能，使這些土壤不至於在下雨時隨著雨水沖刷流失到山下，造成無可避免的傷害。澄印再三叮嚀胡太守，爲了地方的安全，必須正視這件事。

「法師，您放心，」胡太守終於明白了關鍵所在，他向澄印保證：「這件案子在這幾天會重新開審，大方住持果眞是被誣告的，衙門很快會恭送住持回五台山，塔院寺的住眾們也可以安心了。此外，我會嚴禁商人到山上伐林，徹底保護聖地。」

說到這兒，胡太守望一望窗外的風雪沉吟道：「外面的風雪實在太大了，這段期間，大師就暫時搬來寒舍過冬吧！龍門也實在不適合久居。對了，我叫家丁送去給您的信，不曉得您收到了沒？」他忽然想起。

澄印搖搖頭：「我今天一大早就下山，所以沒有收到這封信。」

「那沒關係，反正您人都下來了，信有沒有收到就無所謂了……。」胡太守頓了頓，轉頭詢問管家：「後院的客房打掃得怎麼樣了？」

「都照大人的吩咐整理乾淨了。」管家答應道。

胡太守點點頭，轉而詢問澄印：「那就這麼決定了？」

「這……。」澄印爲難地看了看窗外的大風雪，其實他這兩天正好也在考慮要到哪裡去過冬，因此胡太守此刻提出這個邀請，對他而言應該再好不過；但他考量到太守府的官場背景，如果眞住了進去，人來人往的，許多交際應酬勢必無法避免。基於這個因素，澄印對這項邀約就顯得有些裹足不前。

「我知道太守府的環境可能複雜了些，所以特地在後院爲您安排了一間清靜的客房，那兒除了我母親設了個佛堂，會常常進出之外，其他人可以說幾乎不會走到那邊去，因此環境還算清幽。」胡太守像是看出澄印猶豫的原因，連忙說明。

澄印考慮片刻，想到復興報恩寺還需要宮中的全力協助，因此便決定接受胡太守的邀請——或許透過這些官員，自己可以慢慢在宮中建立一些知名度，爲日後重建報恩寺預做準備，他心想。

住進太守府後，胡太守把握這個機會，早晚都向澄印法師請益，法師也樂意爲他講經說法、釋疑解惑，澄印的確有好一段時間沒有受到任何干擾。但由於澄印的文采聲名遠播，因之，當他在太守府作客的消息傳出後，就開始有許多文人名士喜歡邀請他參加一些聚會，或乾脆直接請他題些詩句以附庸風雅。

「澄印師父，有位撫台高大人，不曉得您認不認識？」一天下午，胡太守特地陪著母親到後院聽澄印講述《心經》，當講解告一段落後，他問道。

「高撫台，高大人？」澄印點點頭表示知道這個人。

「既然您知道他，那我就不必再多做介紹，」胡太守說：「是這樣的，撫台大人素仰您的大名，曉得您寫得一手好文章，又知道您此時正好在我家裡作客，所以他就託我請師父爲他新居的園亭題些詩詞，以增加雅興……。」胡太守不好意思地解釋：「一開始我聽高大人這麼說，有跟他解釋，師父此次到府裡作客是爲了避寒，但高大人一再強調對您十分仰慕，希望能與您以文會友，所以……所以我最後只好勉爲其難地答應他，跟師父提一提這件事。」

「寫詩？這你可眞難倒我了，」澄印聞言馬上說道：「我胸無點墨，怎麼寫得出詩句來？不成不成，你這是讓我叫大家看笑話嘛！」他謙沖地推拒。

胡太守見澄印沒有堅拒的意思，馬上接口：「師父太謙虛了，誰不知道您是佛教界的大才子，以前在金陵，不但可以講解佛經，還可以教授《四書》，所以現在請您寫寫詩詞，應該絕無問題。」胡太守拿出一本書放在澄印面前：「我還特地帶來一本古今詩集供您參考，或許能引發您作詩的靈感，那麼……我想我跟家母就不要在這兒打擾您，先告退了。」胡太守不等澄印答覆，就拉著母親出去。

「眞是傷腦筋，寫詩？唉……。」澄印嘆了一口氣，隨手翻開胡太守帶來的詩集，忽然靈光一閃，感到胸口一陣熱氣直往腦門沖，而這股熱氣在運行的過程裡，又轉化成一首首詩詞呈現在眼前，他興奮地拿起筆來就寫，文思泉湧的結果，在短短的一個小時就寫滿了十大張紙。

一片煙波十五橋，雲山落木晚蕭蕭。
孤城半壓吳江水，水上人家夜聽潮。

寫完這首詩後，澄印突然停下筆來，翻翻剛完成的二、三十首詩；奇怪的是，他雖早已停筆，但腦中、眼裡卻還是滿滿的一篇篇文章。「糟糕！寫文章寫到走火入魔了！一定得停下來。」他深呼吸一口氣自言自語道，並且從手稿中隨便抽出一張，交給門外的太守府家丁。

當晚，文思泉湧的情形非但沒有好轉，反而變本加厲，靈感不停地出現，不知不覺中，過去讀過的詩書辭賦、曾看過的文章，在這段時間都紛紛趕來湊熱鬧。身心都被文字所填滿了，詩詞多到充滿了整個虛空，沒有辦法吐盡。這樣的狀況若發生在一般文人身上，應該是美事一樁，求之不得；但發生在澄印身上，則毫無疑問的，變成是一大困擾，這些紛沓而至的文思，足以影響澄印內心的平靜。

第二天，胡太守親自將詩送往高大人府上，澄印則留下獨坐深思；在山陰時，曾聽法光禪師說起「禪病」的情形，便是這樣日夜不停地寫出偈語。當時法光禪師提到要治療這禪病，最好是自己能看破；若看不破，則得有高人來痛打一頓，再好好睡一覺，病就自然消失了。如今法光禪師不在此，誰能幫我治病呢？只有用睡覺這個方法了。

於是他便關起門來躺到床上，閉上眼睛強迫自己入睡，但過了許久，發現自己神智仍非常清醒，怎麼樣也睡不著。接連翻了幾次身之後，澄印索性坐了起來，開始打坐。

五天後，胡太守從撫台府回來，第一件事就想先去探望澄印法師。不過，才一進門就聽家丁說，法師把自己一個人關在房裡整整五天，不管他們怎麼敲門，他都沒有應聲。

「澄印師父這幾天眞的一步也沒出房門？」胡太守一邊問，一邊還不停地敲著門。

「是的，不論我們怎麼喊、怎麼叫，他都沒有反應。」管家回答。

「去多找些人來把門撞開！」他當機立斷：「這幾天師父沒出來，你們就不會把門撞開看看是不是出了什麼事？」他相當不滿地說。

「澄印師父把手稿交給家丁之後有特別交代，沒有他的吩咐不要打擾他；正好這幾天您又不在，沒有人可以請示，所以我們也不敢自作主張……。」管

家一臉委屈地說。

「算了，現在趕緊把門撞開，看看澄印師父是不是出了什麼問題？」胡太守見管家十分自責的模樣，於心不忍地吩咐。

「澄印師父！澄印師父！」門撞開後，胡太守一進到屋內，便見到澄印法師端身正坐在禪床上。他試圖輕輕喚醒盤腿而坐的澄印法師，但卻絲毫沒有回應，輕搖他也不動。

「這可怎麼辦是好？」胡太守在房裡急得團團轉，一不小心撞到擺在屋角的香案，將香案上的一個鈴鐺撞得叮噹作響。

這個鈴鐺稱爲「擊子」，是西域的特產，如果有僧人打坐入深定，怎麼都叫不起來，就可以在他耳邊搖一搖這個鈴鐺，他聽到鈴聲，便會慢慢恢復神識。胡太守忽然想到，澄印曾向他解說這個「擊子」的用法，於是他立刻彎腰撿起地上的鈴鐺，在澄印耳邊輕輕地搖了起來。

片刻之後，澄印慢慢地張開眼睛，乍然見到房裡這麼多人，他顯得有些迷惑。

「到底發生什麼事？這是哪兒呢？怎麼這麼多人？大家都在這裡做什麼？」他問。

「師父，老爺到高大人府上時，您就把自己關在房裡，一待就是五天，把我們大夥兒都給嚇壞了。」管家首先開口。

「不得無禮！」胡太守斥喝。「沒事了，你們可以出去……還有，吩咐廚房幫師父備點齋菜。」

他一邊交代，一邊轉身再對澄印說：「師父不曉得雲遊到何方去了，五天沒有聲響，把家裡的家丁嚇壞了。」

「我不太清楚是怎麼回事，只覺得才剛坐下數第一息而已。」澄印在眾人都出去後，淡淡地對胡太守說。

「對了！我急著想告訴您，高大人看了您所題的詩後讚不絕口……。」胡太守興奮地敘說這五天來，在高大人府中作客的情景，以及高大人對法師的讚歎。可是澄印似乎毫無興致，只是淡淡地笑了笑，又將雙目垂下，想再繼續打坐。胡太守話說一半，見澄印默默無語，很識趣地悄然退出房門，讓澄印安靜

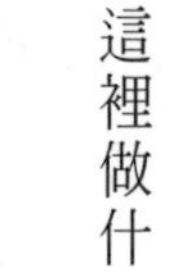

地打坐。

澄印靜默觀想，轉眼間已不知身在何處，也不知來自何方。回頭看過去所走過的歲月，無論住在山中或獨自行腳遠遊，一幕幕如在夢中，想去觸碰卻又不可得，轉眼已成空。就好像雨停雲散之後，天空如同被洗刷過般地清朗，是那般的寂靜，不留一絲的影像。此刻，澄印在禪定中感到空寂帶來的妙樂，是無法用言語來形容，他以偈子來描述這份心境：

> 靜極光通達，寂照含虛空。
> 卻來觀世間，猶如夢中事。

❖註釋❖

❶業：一切行為、言語、思想等身心活動。

05

爲皇上祈儲

寒冬過後，大方住持的誣訟案也水落石出，澄印便向胡太守辭別，回到五台山，繼續過著簡單的山居歲月。這趟回來，妙峰與澄印均為感念父母養育之恩，發願刺血抄寫《華嚴經》，澄印每寫下一筆畫，便念一聲佛號，專注的情形，就好像打坐一樣，令人讚歎。

萬曆七年（西元一五七九年），慈聖皇太后為了紀念死去的皇帝，請澄印在京城督建大慈壽寺。這座皇寺原打算選地於五台山，後來覺得離京城太遠了，改選在距京城海岱門二十五里、距通州十五里的馬房寺。這年秋，大慈壽寺完工，由於太后覺得修建塔院寺的舍利寶塔❶的心願未了，因此皇上特地派遣中相范江、李友，帶領三千名工匠到五台山，修建舍利寶塔。大方住持見這次宮裡派來的主辦官員，似乎沒有修建寺院的經驗，自己又忙於寺務，恐怕無法親自坐鎮指揮，於是立刻想到了澄印。

「正好我以前在金陵報恩寺時，曾有過類似的經驗，或許我可以略盡一點薄力。」澄印毫不遲疑地答應大方住持的請求。他暫且放下正在抄寫的經典，參與這項建塔工程。

澄印投入這項工程後，無論就塔的造型、建材的選取等，均提供了不少建設性的意見。此外，由於澄印在金陵報恩寺期間，常與官府接觸，對官僚體系的運作有些認識，再加上擅於溝通，使得修建工程進行得分外順利。這座舍利寶塔的建築型態極為別致，外觀恢宏壯麗，塔高八十六公尺餘，成為五台山最引人注目的一座寶塔。

次年，平日難得見面的五台山諸山長老，為了朝廷要課徵山上田賦的事，全都集中到澄印的房舍前。

「澄印法師，最近張居正張大人下令要清丈所有的田畝，並依這次的記錄，課徵賦稅，您知不知道？」幾位法師慌忙地說道。

「知道啊！不過五台山一向不在課徵之列，不是嗎？」

「我聽到的消息本來也是說不用，可是這兩天縣衙連續下了幾張通告，說山上的寺院也必須查報土地面積，繳交五百石米糧，這分明是為難我們出家人嘛！擺明了要我們斷糧！再這樣下去，恐怕以後再也沒有人敢來此修行。」為

首的鎮澄法師說出他的不滿。

「有這種事情？」澄印聽完他們的反應後立刻做了承諾：「大家放心，這件事於情不合，縣衙沒道理向我們收五百石米糧，一會兒我立刻趕寫狀紙陳情，請縣大人對這件事做個定奪，到時有消息再通知各位。」

「那就先謝謝澄印法師了，」眾人七嘴八舌地感激澄印的拔刀相助：「碰到這些官僚，我們眞的一點辦法也沒有，要不是鎮澄法師想到可以找您幫忙，我們到現在可能還不曉得該怎麼辦呢！」他們道出共同的無奈。

解決了清丈田畝這個問題後，澄印儼然成爲五台山眾僧的精神領袖，而他的種種事蹟，也因而陸陸續續傳入宮中。

當妙峰與澄印的刺血書《華嚴經》大功告成後，兩人想舉辦一場無遮大會，來圓滿這件功德。

在印度的傳統習俗中，每隔五年，便會由王室出面，舉辦一場「般遮于瑟會」，來做全面性的布施活動；而這樣的布施，因爲強調的是平等、博愛的精神，因此布施的對象不分貧富貴賤、聖賢道俗，全都涵蓋在內。所以，又有人稱它爲「無遮」大會，意即陽光照得到的子民，通通都在帝王的照應之下，以彰顯皇帝親民愛民的形象。而這樣的一個精神移植到中國，就變成是普濟大眾，甚或藉此以表彰功德的一種法會。

「妙峰法師，這次我們的無遮大會除了要向各界募款以廣爲布施外，還要多請幾位法師主持法會，依您看，大概要請幾位？」澄印與妙峰開始商討這件大事。

「當然是愈多愈好……。」妙峰一邊說，一邊在心中盤算。這次的法會如果辦得好，對僧俗之間的交流絕對有很大的助益，因此山陰王一聽說他們兩人有心要辦場規模極大的無遮大會，便立刻給予相當大的援助——包括布施的物資及其他相關得協助。所以，在邀請官方及佛教界人士參與這項活動的動員力上，只要籌辦得好，應該沒有什麼太大的問題。

「……詳細名單我還要再整理一下，不過我想，五百位出家眾應該不成問題！」妙峰估算。

「那我們就可以開始分頭進行了，北方的僧、俗兩眾你比較熟，就請你出面邀請大家共襄盛舉；至於其他諸如道場的籌設及僧侶的食宿等行政庶務問題，不曉得你放不放心交給我來負責？」澄印就計畫書上的項目分門別類後，徵詢妙峰的意見。

「當然放心！」妙峰沒有異議。

在妙峰的心裡，放眼當今叢林，恐怕再沒別的法師能辦得比澄印更好。

「那麼這次法會的地點，就要麻煩你去接洽了，能容納五百位僧眾的場地不多，這點可能比較棘手，要多偏勞你了！」妙峰客氣地說道。

確定了各人的工作內容後，澄印與妙峰便開始分頭進行籌備工作。而澄印所碰到的第一個問題，就是妙峰先前提到的，無遮大會場地擇定的問題。

當澄印向塔院寺的大方住持借場地時，才知道慈聖皇太后正打算在塔院寺籌辦「祈儲法會」，爲當今皇上祈子。也是這樣的機緣，澄印考慮將兩場意義重大的法會，合而爲一。

慈聖皇太后就是神宗的母親，兩人在宗教上信仰不同，皇上偏好道教，太后卻是一位虔誠的佛教徒。祈儲這件事，在宮裡可說是件大事，不僅是希望皇上有後，皇子由哪位妃子所生，更關係到宮廷中的派系與權勢鬥爭。爲祈求皇嗣，皇上派遣內使到武當山，請道士爲鄭貴妃祈子；太后卻派人到五台山，以佛教的儀式爲王才人祈子，神宗與太后不只是宗教上各有信仰，所偏袒的妃子也有所不同。

當太后所派遣的內使王公公，打探出皇上的意願，非常擔心自己若幫著太后祈儲，恐怕不會有好下場，所以一心想阿附於皇上，對太后交辦的事並不十分投入。

所以對澄印所提出，將無遮大會與祈儲法會合併舉辦這件事，王公公並不贊成。他以爲兩個法會完全不相干，已籌募的無遮大會與祈儲無關，而祈儲法會中，怎麼可以又加個無遮大會？這個想法就王公公看來，簡直荒謬到了極點，因此，他暗地裡便希望五台山這兒辦不成。

這在澄印看來是兩全其美的法會，受到的支持似乎不太多。

「什麼！要將無遮大會與太后的祈儲法會合併舉辦？」妙峰在聽了澄印的

計畫後，十分不滿地問道：「爲什麼要將一個單純的法會，牽扯得這麼複雜？」

「我以爲出家人所作的一切佛事，都是爲了眾生、爲了整個國家。今天，祈求皇室的子嗣，是爲了鞏固國家的根本，難道還有比這件事更重要的嗎？」澄印解釋道。

「恐怕眞正的原因不是這樣吧？」妙峰冷冷地說：「你是不是想藉這個機會，大大地出名？」

「怎麼會這麼想呢？」澄印見相知甚深的妙峰這般地誤解他，急忙辯解：「無遮大會是以我們的名義舉辦，若與祈儲法會合辦，則完全以求儲的名義舉辦，不是用個人名義，怎麼出名呢？」

「哼！」妙峰不屑地說：「那你的動機就更明顯了，不過是想攀緣皇室，爲自己的前途鋪路而已。」

澄印沒有正面回答妙峰的問題，避重就輕地說道：「法會不過是將原來的『刺血書完成紀念』宗旨，再多加上『祈儲』而已；除此之外，整個儀式還是和原來一樣……，我沒想到這樣竟也會讓你有如此強烈的反應。」

妙峰揮了揮手，示意澄印不要再說下去。

「事情演變成這樣，我也不想介入得更深，因此，這個法會可能要多多偏勞你了……。至於我這段時間邀請的五百多位僧人，邀請函既然都已經發了出去，自然沒有再撤銷的道理，所以我還是會請他們在法會那天，一起來共襄盛舉……。看看情形，我大概也只能爲你做到這些，剩下的，就要請你自求多福了。」妙峰心灰意冷地說道。

自從妙峰表明無法再支持無遮大會後，澄印原先所排定的計畫就全被搞亂；再加上這段時間裡，澄印在江南的部分舊識，聽說他要辦這樣大的一個活動後，雪上加霜的一些惡意批評，使得他在功德主之間疲於奔命——除了要說服高官、富商慷慨解囊外，還得不定時地解釋、化解這些來自各方的惡意中傷。但這些大大小小的挫折都沒能擊倒澄印，相反的，他還將這些不利的狀況當作是一種磨練，因此承辦法會的過程雖然千頭萬緒、困難重重，他還是憑藉著一股超人的耐力，逐項地去克服這些艱難。

「澄印，寺內大大小小的僧眾以及寺外主動前來幫忙的僧人，總計約五百人，若再加上妙峰法師先前說的五百多位受邀僧人，法會期間，寺內的總人數將會超過一千人。所以在食宿的安排上，要多下點工夫調配，才不會雜亂無序。」大方住持將彙整後的資料告訴澄印。

「一千多人，那最少要有大約十個爐灶分別煮食，一個爐灶兩位廚師，還有協助上菜的人員……，那麼飲食方面就配置五十個人，至於住宿……。」澄印就大方所提供的資料預作人員配置。

「澄印，你要不要休息一下？」大方見澄印的黑眼圈愈來愈嚴重，忍不住提醒：「我看你這三個月來忙進忙出的，幾乎都沒怎麼睡，這樣身體吃得消嗎？」

「臉色眞的這麼難看？」澄印下意識地摸摸自己的臉：「其實我覺得還好啦！倒是你們，這段時間要不是有你們的全力支援，我還眞不知道該怎麼辦呢！辛苦大家了。」澄印由衷地感謝。

大方見澄印又開始客套，連忙說道：「我們大家就別再客套了，下星期法會就正式開鑼，我們還是趕緊討論其他細節吧！」

十月初，法會正式開始的前一天，妙峰果然依約帶了五百多位僧人到塔院寺。偌大的一間寺院，一下子湧進這麼多人，按常理說，應該會有些許混亂，但在澄印及大方事前完善的規畫及準備下，一開始的接待事宜，竟出乎意料地順利。

這場法會接連進行七天七夜，法會期間，無論儀式的莊嚴、壇場的秩序、僧眾的供養、信眾的飲食、住宿等等，一一俱全，令在場所有的人稱道不已。而這七天中，澄印只仰賴喝水維持體力，一粒米也沒吃，就靠著對佛菩薩的信心，與爲眾生祈皇嗣的願力，圓滿地完成這場法會。

次年八月，也就是萬曆十年（西元一五八二年）時，太后支持的王才人生下皇太子，五台山的這場祈儲法會也因此轟動朝野，不僅打響了五台山的名號，主辦法會的三位法師，更因此成爲全國知名的大師級人物。

這場五台山與武當山祈儲之爭，五台山看似搶得了先機，然而就澄印而言，卻要付相當大的代價。妙峰法師對澄印的誤解過深，多年的交情，竟爲了

這場法會而絕裂，從此各奔東西。此外，籌畫之初因與內使的看法不同而有所爭議，得罪了皇宮內使王公公，在宮中有所流傳，這事對澄印的盛名影響相當大，更埋下日後受種種磨難的遠因。

澄印法師對自己的處境，似乎看得頗爲明白，萬曆十一年（西元一五八三年）正月，他有感於五台山的聲名愈來愈大，不再適合清修，要到其他道場似乎又有困難，乾脆跑到偏遠荒涼的東海牢山隱居，並且改名號爲「憨山」，此時妙峰也離開五台山，前往蘆芽。憨山大師在五台山八年，曾有過大證悟，舉辦大法會，建過大道場，擁有大盛名，如今放下這一切，再持起一缽，單獨飄然前往牢山。

❖註釋❖

❶舍利寶塔：為存放佛菩薩或高僧大德的遺骨而建之塔。

06

海印寺產權之爭

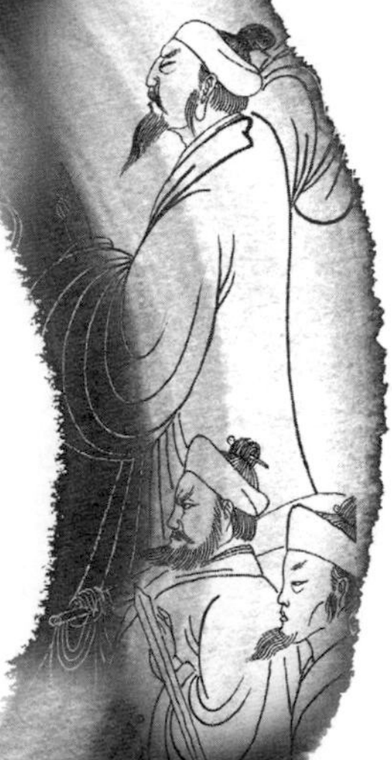

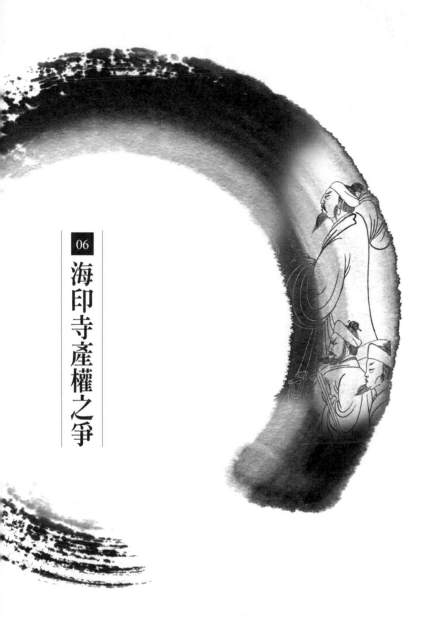

「憨山大師，原來您一個人跑到這兒來隱居，這段日子可把我們給找苦了。」住進牢山的第二年，龍華寺住持瑞菴法師親自造訪他。

「什麼事找我找得這麼急？」憨山大師乍見瑞菴法師出現有些意外。

瑞菴法師從懷裡拿出一封信，恭恭敬敬地用雙手捧到憨山大師面前：「這是太后的親筆信函……。」

瑞菴法師正是奉了太后的旨意，前來拜訪憨山大師。原來是因塔院寺辦的祈儲大會相當成功，皇太子已在去年八月平安誕生，太后降旨重賞三位大師，以感謝大師們舉辦祈儲法會的辛勞。妙峰及大方兩位法師都已受賜，獨獨找不到憨山大師。因此，太后特地差遣瑞菴法師四處探訪大師的蹤跡，並且特別交代，務必要請大師回京受賜。

在憨山大師的懇謝下，瑞菴法師並沒有達成目的，只有將憨山大師的意思，轉呈太后了解。太后得知憨山大師的近況後，決定在西山找一個環境清幽的地方，爲憨山大師建寺。當內使張公公將太后的旨意帶至牢山，憨山大師仍堅持婉拒。

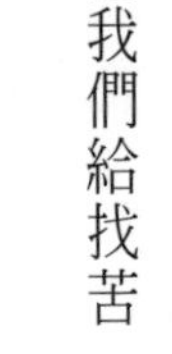

「你看我現在這樣過得挺好的，」憨山大師比了比四周：「這裡有山有水很合我意，所以短期內大概不會離開。至於太后的好意……，就麻煩公公轉告太后我心領了，下次如果還有需要我效勞的地方，我一定全力以赴。」

「這……。」張公公順著憨山大師的手勢看去，實在看不出這兒有什麼好？房屋簡陋不說，地上還擺了好幾個鍋碗瓢盆，想必下雨時，屋內肯定叮叮噹噹地相當熱鬧。

「一切就有勞公公了。」憨山大師溫和而堅定地說。

「好吧！這次回去我會將大師在這兒的情形向太后報告，同時也會轉達大師的意思。」內使沒再堅持。

一個月後，張公公又再次造訪憨山大師。

「上次回去後，我向太后報告了您的詳細近況，太后聽了，也決定尊重您的意思。所以，這次又差我送來三千兩黃金，做爲您修整房舍之用。」他將其中一包看來沉甸甸的包袱放到桌上，解開黃色絲巾，裡頭果然是一錠錠黃澄澄的金元寶。

「太后眞是太客氣了，我喜歡這兒，就是因爲它充滿了自然的氣息，所以房屋舊了、壞了，我都不會在意，正所謂以天爲幕、以地爲床，剛好可以藉此享受這份自在安詳。因此說實在的，這些銀兩對我而言，只是一個累贅，我眞的不需要。」憨山大師又將絲巾包了起來。

「這……，您這樣讓我很難回去覆命。」張公公非常爲難。

「這還不簡單，就照我剛剛講的，您回去再重複一次就是了。」

張公公苦惱地說：「那可不成，太后像是知道您會推拒似的，我臨走前她還再三交代，若您沒有收下這些金錠，就不准我回去！」

「這……。」這下換憨山大師左右爲難了。「……那不如我就借花獻佛，將這三千兩黃金，以太后的名義捐給山東災民。當地最近接連發生旱災及瘟疫，急需救助，若將這三千兩黃金全部換成白米賑災，相信他們會十分感激太后的德政。」他想出一個兩全其美的辦法。

就這樣，憨山大師將三千兩黃金換成白米，運到山東救濟災民。

賑米

「請大家不要爭先恐後，按照順序排好隊……。」發放糧食的現場，憨山大師與張公公忙著維持秩序：「還沒登記的人，請在左手邊的櫃檯先登記簽收；已完成簽收的人，請到右手邊的糧食發放處排隊。」

「憨山大師，何必這麼麻煩呢？這三千兩的用途，我已經跟太后稟告過了，太后還特別強調，一切賑災事宜都交由您全權負責，不必再回報……。」發糧作業告一段落後，張公公問憨山大師。

憨山大師一面忙著結算帳冊，一面解釋：「只要經手的不是自己的財物，就務必要做到帳目清清楚楚的，這是我的一貫原則。」

「可是在我看來根本沒有這個必要，」張公公說出他的看法：「太后對您有絕對的信任。」

憨山大師停下手邊的工作，說道：「其實把帳冊做清楚的主要目的，只是爲了對得起自己的良心。太后既然放心將事情全權交由我處理，我當然也得盡力將它做到最好，所以一點也不麻煩。」他闡述他的理念。

張公公聽完憨山大師的話之後，不禁流露出敬佩的神情：「之前我還不太

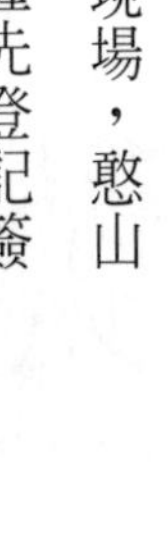

明白，爲什麼太后這麼信任您？但現在，我想我終於知道爲什麼了。」

放完糧之後，憨山大師又回到東海牢山繼續隱居。他所居住的那個村落相當偏僻，居民普遍信仰道教，而且由於對外交通十分不便，因此當地居民從來沒看過佛教的出家人，更從沒聽聞過佛與佛法。然而，淳樸善良的當地人，見到裝束奇特的外地人，住進一個簡陋的房舍，不禁好奇地在附近東張西望。這份單純與好奇，使憨山大師有機會接近他們，也藉由幫助村民們解決生活中的問題，慢慢地贏得大家的信賴。

村民們由對大師的好奇，逐漸發現大師的學養與睿智，除了找大師爲他們解決問題，也有人開始請大師講學。大師住進牢山兩年後，此地已有愈來愈多的居民成爲佛教徒。憨山大師在牢山弘揚佛法的努力，已有相當的成績。

萬曆十四年（西元一五八六年），宮裡刻了十五套《大藏經》❶，要致贈給天下的佛教名寺收藏，牢山雖不是名山，因爲憨山大師祈儲的功勞，也在名單之列。剛聽到這個消息時，憨山大師十分雀躍——這是一件太完美的禮物了！但當他一想到自己在牢山的這間破屋，實在不太適合收藏這麼珍貴的經書後，他的喜悅立刻轉爲煩惱。

「憨山大師，這次太后的好意，您總不能再拒絕了吧！」張公公再次造訪牢山，並且帶來準備修建寺院的銀兩。

「太后眞是細心，這段日子我的確正爲沒地方安置《大藏經》而煩惱。」憨山大師承認。

「那麼大師心中是否有屬意的建寺之地？」

「有，山南的觀音庵舊址，就在離此約五里的地方，是個滿適合建寺的處所，我看新寺院就建在那裡吧！」這次憨山大師不但接受了太后的恩賜，還親自到京城向太后謝恩，太后並爲這座寺院命名爲「海印寺」。

這年冬天，禪堂初初落成，從萬曆九年（西元一五八一年）準備祈儲法會以來，經常奔波勞動，不如從前經常打坐，所以疲倦不堪的憨山大師，終於可以安定下來，專心禪坐。

這天傍晚，打坐至深夜的憨山大師，起身走向屋外，立刻被夜景吸引住，清澄的海水與天相接，柔和的月光映在白雪上，閃爍著金銀般的光芒。憨山大師沉醉在寧靜柔美的夜景當中，身心在不知不覺中往下沉，就好像空華影落，進入一大光明的境界，了無一物，大地一片寂靜。從如此遼闊的世界中出定後，大師寫下一偈，描述這份心境：

海湛空澄雪月光，此中凡聖絕行藏。
金剛眼突空華落，大地都歸寂滅場。

萬曆十五年（西元一五八七年），牢山「海印寺」正式完工啓用，憨山大師也經由張公公的幫助，從宮裡將分配到的《大藏經》迎回寺裡珍藏。這麼一來，牢山便有了一座像樣的寺院，可供信眾聽聞佛法。海印寺在憨山大師的苦心經營下，漸漸傳出聲名了。

「海印寺完工之後，我也算了了一樁心願。」太后在召見憨山大師時對他說道：「先前你一再推拒我的幫助，讓我覺得心中似乎總有個心願還未了；現在海印寺完工了，你也有個較佳的棲身之所，這樣我就比較放心……。對了，我聽張公公說，你有個二十幾年都無法完成的心願是不是？」太后突然想起。

「喔，您是說復興報恩寺吧！」憨山大師想起曾和張公公提過這件事，沒想到他竟放在心上，並且還向太后提起。他見機不可失，便利用這個機會，概略地將這整件事用最精簡的語句向太后說明。

「原來如此，眞難爲你這麼多年了，還依舊這麼有心，西林大師地下有知，一定十分安慰，總算當年沒錯看你。」太后相當感動。

「……只是重建報恩寺的費用相當龐大，即使是皇室，恐怕一時間也拿不出這麼大一筆錢……。」太后力有未逮地說。

「其實只要從宮裡的膳食費中，每天省下一百兩，一天天慢慢累積下來，最快三年，報恩寺便可開始動工重建，最慢十年，就可以建成了。」憨山大師馬上建言。

「太好了！這眞是一個好辦法。」太后露出嘉許的笑容，並立即下令，從這年十二月開始儲蓄。

這次與太后的會晤，使復興報恩寺這個心願，有了重大性的突破，不再像從前一樣，感覺好像是個遙不可及的目標。

但這次的晤談，卻也間接爲憨山大師招來一場大災禍。

萬曆十八年（西元一五九〇年），憨山大師正在海印寺爲村人講解佛經時，突然闖入幾個衙門捕快，說是有人向山東巡撫李大人告狀，指證憨山大師侵占道教道觀不還，因此李大人請萊州太守徹底調查事情的原委，請憨山大師到官府協助調查。憨山大師雖然對這突如其來的罪名感到困惑，但他仍很合作，立刻隨同捕快到縣衙。

「憨山師父，勞駕您跑這一趟實在很過意不去。」萊州太守十分客氣地招呼憨山大師，並將這次事件的發展始末詳細地告訴他。

原來這次告狀的，是一個道教的黃冠道士，他在一個月前，具狀向山東巡撫李大人指控憨山大師，侵占他們道觀興建海印寺。因此李大人在接到這份狀紙後，立刻命人深入調查，沒想到竟發現這個告狀的人，根本是個冒牌道士。他之所以這麼做，是受了本地一位鄉紳的指使，想用這個方法取得海印寺的產權。

因之李大人在了解內情後，立刻將此案轉到萊州太守，並且特別交代要嚴懲這些居心不良的貪財者以儆效尤。爲了慎重起見，才將憨山大師請下山來，與那些冒牌道士當面對質，好讓他們輸得心服口服。

事實上，海印寺的舊址的確是座道觀，叫做「觀音庵」；而許多道觀的前身其實原本都是佛寺，它們後來之所以變成道觀，是由於元初時，全眞七子假借元世祖的威福改建而來。

「據我了解，在原來的觀音庵建海印寺，在我看來，那並不叫侵占，因爲它本來就是佛寺。」憨山大師進一步說明元代以來佛、道的部分淵源及他自己的看法。

「原來佛、道還有這層淵源，那就難怪有人會利用這點來大做文章了。」太守分析，「明天我就開庭審理這個案子，屆時還要麻煩大師出庭與假道士對

質。」他定下開庭的日子。

「你應該就是那位具狀控告的『黃冠道士』吧？」判決過後，憨山大師不顧眾人的反對，隻身走向堵在衙府門口、打算滋事的人群中間，向其中一個提著刀，像是他們首領的人打招呼。而一旁陪著憨山大師前來應訊的兩位僧人，在看到憨山大師走進這近百名來勢洶洶的人群中時，都暗地裡為憨山大師捏了一把冷汗。

「是又怎麼樣？不是又怎樣？你到底給了太守多少好處，讓他在公堂上完全採納你的說辭？」提刀者很不客氣地質問。

「別跟他廢話那麼多，砍下去就是了！」旁邊一個人開始鼓譟。

「對，砍他！砍他……。」大家紛紛附議，在現場氣氛的帶動下，提刀者像被催眠般，果眞舉起刀準備揮向憨山大師。

但憨山大師仍然不為所動，一點也沒有退怯的意思，反而用清晰宏亮的聲音笑著說道：「阿彌陀佛！殺了我對你又有什麼好處呢？」這句話當場起了作

用，那個被憨山大師叫作是道士的人，在聽完他的話之後，已揚起的刀子在半空中停了下來。

圍觀的狂徒見到情勢漸趨和緩，又喧鬧起來：「別上他的當！」

「殺掉他！殺掉他！」大家又七嘴八舌地鼓譟。

憨山大師見提刀者舉在半空的手，又開始猶豫著要不要砍下，知道經眾人的鼓動，又將形成危機。他靜靜地稍作思考，隨即拉著狂徒往海印寺方向走。

這樣的轉變，讓那些原本準備要聚眾鬧事的人群錯愕不已，看著他們漸行漸遠的身影，其中一個人突然大叫：「糟糕！老大是不是被這禿和尚收買了？」

這句話一說出來，便立刻像散播細菌般，在空氣中迅速蔓延開來。「我們不可以讓禿和尚的奸計得逞，跟著去看一看！」有人提議。於是大批人群像蝗蟲過境般襲捲過市集，跟著往海印寺方向走。市集中則因此流傳著：暴民圍攻海印寺，憨山大師被暴徒重傷的流言。

「大師您沒事吧？」萊州太守親自帶著軍隊到海印寺驅散鬧事民眾。而那些在寺外大聲叫囂的人，一見到情勢不妙，紛紛抱頭鼠竄，原本偌大的一群，在轉眼間便逃散一空。

「沒事，我跟這位朋友正談得愉快呢！」憨山大師起身相迎：「過去的事全是誤會，現在我們都已經解釋清楚了。」

「眞的嗎？」太守懷疑地看看假道士，又看看憨山大師：「我在山下聽說狂徒將您殺傷……，您不是因爲被他挾持，所以不敢說眞話吧？」

憨山大師聞言忍不住大笑三聲，張開雙手讓太守看個仔細：「你看我這不是好好的嗎？哪裡有被殺傷的樣子？」

太守仔細瞧了瞧，的確看不出憨山大師哪裡受了傷：「大師沒事就好，我現在立刻就將這個狂徒押回去。」他轉頭吩咐差役將假道士拘捕起來。

「不可以！不可以！」憨山大師見狀連忙阻止：「我都說過了，他是來這邊作客，不是來這裡殺人的，怎麼你還要抓他？」

「大師，我是爲您好，」太守解釋：「現在是因爲我們還在這兒，所以這

個狂徒不敢輕舉妄動，可是一旦我們離開海印寺，就難保他不會做出什麼不利於大師的舉動。」

「我相信他不會，」憨山大師十分篤定地說：「從我們剛剛的談話，我發現他的本性並不壞，只是比較容易衝動，更何況，你此行的目的不就是爲了要驅散他們嗎？現在怎麼又反而將他留了下來呢？」他語帶禪機地說。

太守聽憨山大師這麼說，一時會意不過來，只好楞楞地看著憨山大師，忽然間，他恍然大悟，拍了一下額頭道：「大師教訓的是！大師教訓的是！」而引發這次事件的假道士，在看到憨山大師不計前嫌地爲他說項後，只能慚愧地低著頭，暗暗期許自己要好好重新做人。

這件訴訟案發展至此，照說也該告個段落，就此結案；但五年後，也就是萬曆二十三年（西元一五九五年），憨山大師卻還是因爲這件事的間接牽連而被發配到邊疆。

❖註釋❖

❶大藏經：佛教的經文、戒律、註釋及評論文字總集。

07

遭人誣陷發配雷州

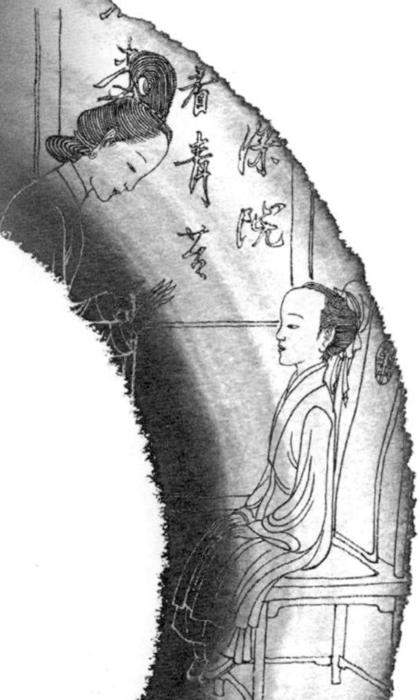

「養你們這些人做什麼？全是些廢物！平常除了勾心鬥角、瓜分利益、結黨營私之外，有哪一個人曾爲朕分憂解勞過？簡直快氣死我了……。」萬曆二十三年（西元一五九五年）正月，明神宗在書房一邊批閱奏摺、一邊大罵：「邊境戰況吃緊，河南、河北發生大瘟疫，還有山東、廣東還在鬧饑荒，每個人都向我伸手要錢……。」

明神宗這突如其來的狂怒，宛如一場大風暴，將一群內侍嚇得噤若寒蟬，紛紛走避，只有總管王公公依舊不動聲色地站在原地聆聽。

「……再加上那些假借母后名義，向國庫需索無度的僧人，我就是有再多的金山銀礦也禁不起這樣的揮霍，更何況國庫還始終不怎麼寬裕……，眞是煩啊！」神宗將筆往桌上一丟，怒氣未消地罵道：「眞該把那些假借宗教名義藉機斂財的人通通抓去砍頭！」

明神宗大發雷霆可以說是家常便飯，平日圍繞在皇上身邊，阿諛奉承的宦官們，早就識趣地閃躲到一旁去，唯獨王公公一聽到皇上正在遷怒佛教，反對太后布施，倒讓他想到一個製造彼此傾軋的大好機會。

原來王公公與東宮的總管張公公向來不合，再加上憨山大師早在祈儲法會時，就得罪過王公公，所以……。

「王公公，您是說想到了個好伎倆？」當天晚上王公公邀約了幾個臭味相投的太監，密謀協商陷害張公公的事。

「沒錯，你還記不記得十幾年前，我們建議皇上到武當山請道士作法祈儲那件事？」

「當然記得，那次作法沒有成功，結果讓五台山的和尚搶得先機，將功勞全占了去，又得了不少太后的賞賜，我們還為這件事嘔了半天呢！」即使過了十幾年，這些公公想到這件事，仍是恨得咬牙切齒，心有不甘。

「當年主辦那場祈儲法會的和尚憨山大師，和東宮的張公公走得很近。張公公常往牢山跑，又是送銀兩、又是護送《大藏經》，還遊說太后幫著修復金陵報恩寺。」王公公說。

「什麼？原來他就是那個金陵報恩寺的和尚！」公公們異口同聲地驚呼：

「也就是五年前向太后建言，說什麼宮裡的加菜金如果每天省個一百兩，就可重建報恩寺的那個和尚？」他們想起來了。

「是啊！還好當時只減了幾個月，就被我想辦法請皇上下令暫緩施行，否則我們不曉得要損失多少油水呢！」王公公忿忿地說：「這件事情我一直記在心裡，正好下午皇上發了一頓大脾氣，對太后到處布施好像有些不滿，所以我就想到……，」說到這兒，他眼睛一溜，臉上表情一閃，大夥兒趕忙將耳朵湊到他嘴邊，細細聽個明白。「……這麼一來，咱們可是既討好皇上，又可以將張公公及禿和尚一併解決。」他露出陰狠的神情。

王公公的伎倆，也不是什麼新招式，不過是利用皇上與太后在信仰上的不同，來製造爭端。他在東廠找了一個人假扮道士，到通政院擊登聞鼓誣陷憨山大師及張公公。

當逮捕憨山大師的命令傳到牢山，居民們感到非常地震驚與憤怒，均聚集到海印寺來。憨山大師以平靜的心情向大眾開示：

「請大家不要激動！出家就是爲眾生奉獻自我，無論遭遇到什麼樣的待

遇，都毫無怨言。我在牢山一帶，轉眼十二年，從一開始大家對佛教毫無概念，到現在，即使是三歲的小孩，也知道要念佛。能將佛法弘揚到這邊地，我這一生已心滿意足，死也沒有遺憾了。然而，想重修報恩寺的心願還沒有完成，是唯一感到痛心的事。」

憨山大師雖說得坦然，但到了離開的時候，全村的民眾卻是爭相前來送別，無論老少均忍不住痛哭失聲，整個村落在一時之間，充滿悲傷的情緒。

憨山大師被押解到了京城，開始接受嚴格的審問。

「憨山大師，這幾年你藉口建寺院、請經，向國庫需索數萬兩黃金，這其中到底有多少數目進了你的口袋？」鎮撫厲聲問道。

「數萬兩黃金？」憨山大師一臉茫然。

鎮撫見他眉頭深鎖，不發一語的模樣，不禁得意地說道：「你最好從實招來，張公公已經將你們同謀貪汙的過程畫押招供了。」他恐嚇道。

「張公公？」這下子憨山大師更不明白了。

「少在那邊裝蒜！你及東宮的張公公爲了圖利自己，先是在萬曆九年（西元一五八一年）以『爲皇上祈儲』的理由向太后訛詐鉅額的法會費用，繼而又以法會成功的藉口不定期向國庫需索無度，這些年來你應該也訛詐了不少銀兩吧？」鎭撫以十分肯定的口吻判斷。

「大人，恐怕是誤會了，」對這樣的指控，憨山大師感到不解：「這幾年我總共也只收了宮裡兩筆捐獻，大約三千多兩黃金，其中一筆三千兩的金額我還不肯收，後來換成白米，以太后的名義拿到山東賑災了……。」

憨山大師還沒說完，鎭撫就拿起公案用力地拍了一下桌子，並且大聲斥喝道：「胡說！三千兩的黃金我不信你捨得捐出去，我看不給你一點顏色瞧瞧，你是不會招供。來人啊，用刑！」他轉頭交代差役狠狠地打。

「我……。」憨山大師根本沒有辯駁的機會，便叫公差給壓在地上狠狠地打了一頓。

這時，躲在柱子後面觀看的王公公忍不住奸笑，並且示意鎭撫用冷水將已被打昏過去的憨山大師澆醒，繼續刑求。

就這樣，重複的刑求動作持續進行了好幾天，而憨山大師也終於明白鎮撫的意圖。「大人，」他在受盡反反覆覆昏死過去、澆水醒來的非人折磨後，吃力地開口說道：「我感到很慚愧，身爲出家人，卻無法報答國家恩。」休息好一陣子後，憨山大師才又有力氣說話。

「早在出家的時候就已經把生死置之於度外，所以我並不怕死……。」他感到自己的力氣將盡，只好又停下來休息。

「……只是我不願意見到皇上因爲我的冤獄，而在歷史上背負一個大不孝的罪名……，我想那不管對您、對我而言都是一種罪過，不是好事。曾布施的金額，都有詳細的帳目，懇切地希望大人，在審理此案時千萬要三思啊！」他耗盡所有的力氣對鎮撫循循善誘。

鎮撫聽了憨山大師這番話似乎有些動容，他將憨山大師弟子送來的山東賑災帳冊拿起來仔細端倪，也證實憨山大師的確沒將朝廷的捐款中飽私囊。然而，另一項控訴，海印寺的興建並沒有經過皇上的下詔同意，觸犯了「私造寺院」這一條法律，憨山大師因此被判定發配到雷州充軍。

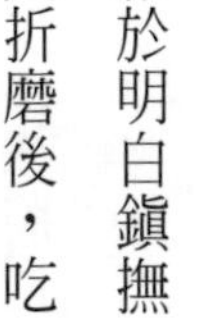

對這項宣判，憨山大師無力地搖搖頭，他知道再多的辯解也敵不過東廠的殘酷刑罰；私造寺院雖然仍是莫須有的罪名，但最起碼，他洗刷了「貪汙」這項更嚴重的罪。因此，他便在無法辯解的情況下，在當年十月換上囚服，前往雷州服刑。

在前往雷州的途中，憨山大師碰到不少舊識主動爲他送行，因此這一路走來耽擱了不少時間。

憨山大師在經過南京時，特地繞回故鄉全椒縣探視母親。

「憨山大師。」母親乍然見到他，竟沒有任何激動的表情。

看著母親平靜的臉龐，憨山大師忍不住想起小時候的種種……。

＊　＊　＊

八歲時，爲了上學方便，母親安排他寄住在河對岸的親戚家，往來須靠渡船，交通十分不便，所以一個月才回家一次。自小老愛纏著母親問東問西的憨山大師，一下子離開了家，非常不習慣，幾乎每晚抱著棉被偷哭，細細數著還有幾天才能回家。

但是回到家卻又賴著不想上學，到了搭船的日子，免不了要和母親來一場追逐戰，非鬧到母親拿著籐條一路追打他，才哭哭啼啼地上船。有一次，又哭著不肯上船，母親氣得一把抓起他，作勢往河裡丟：「像你這麼不長進，不如現在就先將你淹死！」罵完，將孩子往河裡一扔，轉頭就走。幸虧祖母發現，慌忙喊人搭救，才撿回一條命。之後以爲母親心狠，也少回家了。倒是母親常望著河邊落淚，原來是爲了訓練孩子獨立，才不得不狠下心來如此待他。

憨山大師小時候，常被母親逼著讀書，逼到受不了了，忍不住問母親：

「讀書到底是爲了什麼？」母親告訴他，是爲了做官。

「是做什麼官呢？」

母親再告訴他，從小官做起，可以做到宰相。

「做到了宰相，又怎麼樣呢？」憨山似乎還有疑問。

「就沒了！」母親說。

憨山發現，原來一生辛苦，到頭來還是沒了。

「我只想做個不會沒了的。」憨山這麼告訴母親。

「我看你這麼不成材，大概只能做個挂搭僧。」

「什麼是挂搭僧？僧有什麼好處？」

「僧是佛陀的弟子，走遍天下，自由自在，走到哪兒，都會有供養。」憨山聽母親這麼一解釋，很高興地說：「做這個倒是很好！」

「只怕你沒這個福報。」

「爲什麼要有福報才能出家？」

「天底下，做狀元是常有的事，出家做佛祖，豈是常有的事？」母親這麼一說，憨山更是嚮往出家了：「如果我有這個福報，恐怕您也捨不得喔！」

「只要你眞有佛緣，我會捨得讓你出家的！」這是蔡母給當時年僅十歲的憨山大師的答案。

輕陰閣小雨深院
晝慵開坐看蒼苔
色上人衣來

想起母親當年的種種作爲，忍不住開口問母親：「我就要發配到雷州去充軍，您知道嗎？」

「知道，我本來以爲會判得更重呢！」母親不以爲意地說。

「難道您一點也不在意？」憨山大師斟酌地問道，他很想知道母親是怎麼想的。

「在意如何？不在意又如何？」母親淺笑著說道：「到我這把年紀，連自己都不曉得能再活幾年，又何必多擔心別人呢？」

在意如何？不在意又如何？離開全椒縣後，憨山大師反覆咀嚼母親這幾句話，不禁對母親的大智慧感到萬分欽佩。

＊　＊　＊

萬曆二十四年（西元一五九六年）三月，憨山大師終於抵達雷州。

「這是什麼味道？」憨山大師才走到雷州城郊外，便聞到一陣陣惡臭。

「大師剛到雷州，不曉得這兒的狀況。」前來辦交接的雷州官差為憨山大師說明現況。原來，雷州已經有一年多沒下一滴雨，所以農田根本種不出任何食物，缺水加上斷糧的結果，就是哀鴻遍野、民不聊生。「如今雷州境內死屍遍地——我們掩埋屍體的速度遠不及州民死亡的速度，因此只好任由他們腐爛發臭，惡臭就是這樣來的。」

憨山大師聽到官差的描述，皺著眉不發一語，一直到進入雷州城之後，他發現實際情況比官差所說的還要嚴重千百倍，才打破沉默。

「阿彌陀佛……，」憨山大師看到滿街橫陳的屍體，十分不忍：「真是可憐……。」他用手遮住刺眼的陽光，「這麼燠熱的天氣，不但會加速屍體腐爛的速度，而且還會引發瘟疫的大流行，這樣下去不是辦法……。」他看著成群在腐屍之間飛來飛去覓食的蒼蠅自言自語道。

官差聽憨山大師這麼說，立刻接口：「不瞞大師，瘟疫其實早已經開始流行，我們根本控制不住，所以傷亡才會這麼慘重。」他無奈地說。

憨山大師閉上眼，喃喃念著〈往生咒〉。

「今天是三月初十，」片刻後，他睜開眼對官差說道：「請你立刻號召群眾一起來掩埋安葬這些遺體，然後我們在四月初一開個濟度道場，超度亡魂……。」

憨山大師這項號召行動立刻引起雷州居民的熱烈反應，雖然他們每個人都因爲長期饑荒的關係而顯得面黃肌瘦、弱不禁風，但大夥兒仍強打起精神，爲已過世的親朋好友、街坊鄰居，甚至不認識的人們埋葬。

說也奇怪，當掩埋工作告一段落，憨山大師如期在四月一日開設濟度道場，爲亡故者念經超度之後，天空竟飄起大家期待已久的毛毛雨。就這樣，雷州長達一年多的旱災便因爲這場及時雨而宣告終結，瘟疫也因爲腐屍的處理得當，而沒再繼續擴大蔓延。爲此，雷州居民只要一聽到「憨山大師」這四個字，便會用感激的口吻說他是活菩薩。

其實，憨山大師在雷州居民心目中的崇高地位，從萬曆二十八年（西年一六〇〇年）發生的一件群眾抗議事件中，便可以略窺一二。

08

入主曹溪

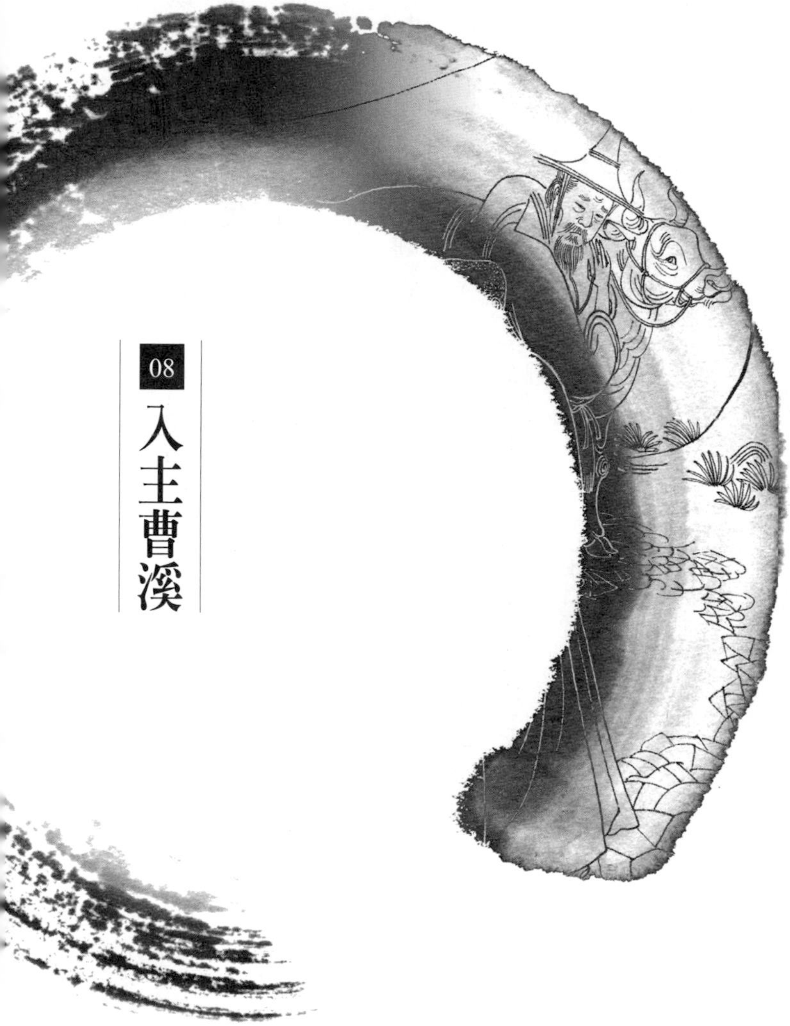

「聽說明天下午，會有大批的福建貨運船要開來雷州。」這樣的耳語，不曉得爲什麼在雷州城市集迅速流傳。

「這些米商實在太過分了！我們雷州既不生產稻米，又剛結束長期旱災，哪裡有多餘的糧食賣給福建商人？」

「是啊！所以每次福建糧船一來，稻米價格就會急速上漲。」

「以前米價正常的時候，我都還要算計再三，才狠得下心來買個幾斤回去，現在的米價又漲了好幾倍；不瞞你說，我們家那幾口子已經好幾個月沒吃過一粒白米飯了！」市集中兩個婦人的對話，表達出雷州境內絕大多數人的心聲。

「不行，我們不能坐以待斃！」一個也飽受米價上漲之苦的年輕人突然激動地大叫：「不如明天我們在船還沒進港之前，先一步到碼頭將他們攔下來，別讓他們進城。」他提出這個辦法，獲得在場人士的一致同意。

事實上，這個在市集流傳的消息只對了一半——第二天下午的確有來自福建的船隊要進港，但這個船隊並不是如傳說的，是來自福建的採購商人，而是即將上任的大將軍一家。但雷州居民以訛傳訛，加上有人慫恿的情況下，竟也展現了強大的動員力，在船隊抵達港口之前，碼頭上早已聚集了成千上萬的抗議民眾。

激動的群眾，忿怒地向船隊猛投磚塊、石頭，眼看船隻就要被擊破沉海了，盲目的群眾接著又拿著刀棍圍攻將軍府，百姓與官衙兵戈相向，情況非常緊張。而在這危急的時刻，當地的三司府縣又恰巧都到端州辦事，城內竟沒有官兵可調度來解危。就在大將軍已無計可施、一籌莫展的時候，他想起了憨山大師的智慧高人一等，於是立刻派遣一位中軍突破重圍，直奔憨山大師處求救。

這段時間，因時局混亂，加上倭寇流竄，搞得人心惶惶，憨山大師乾脆解散眾弟子，避開人群，潛心閉關修行。對於中軍前來求援，憨山大師的態度極爲冷淡：「我只是個出家人，又沒有神通，去了只怕也沒什麼用。」

中軍一聽，急得當場下跪，淚如雨下：「大師！您不顧大將軍的生死，難道也不顧念地方上的百姓？再這麼鬧下去，大家的生死未卜啊！」

這幾句話，打動了憨山大師的心，爲了百姓的安危，再大的困難，他也不會棄之不顧的。於是大師隨著中軍來到將軍府前，很從容地對大眾說：「今天大家聚在這兒，想求得的，無非是廉價的米糧；但是大家採取暴動的方式，破壞船隻、包圍將軍府，這是觸犯法令，當處死刑的行爲。如果大家都被處死了，就算爭得了便宜的米糧，又有誰能吃呢？」

短短的幾句話，強而有力，在場情緒高昂的群眾們都楞住了，爲了米而丟了性命，確實是大家事前完全沒有想到的事。大家紛紛低下頭去，交頭接耳，原本強烈的氣勢，在剎那間化爲烏有。

憨山大師立刻利用這個機會，對大眾曉以大意，勸大家放下武器，解散回家，也免得落個罪名。百姓們到底只是一時受人鼓動，盲目暴動，經大師一點，覺得有道理，就解散回家了。

而遠在端州的三司軍官，正當用餐時，聽到城內暴動的消息，立刻將筷子一丟，往府城回奔。可是到了將軍府，卻發現一切皆已風平浪靜，彷佛沒事發生！

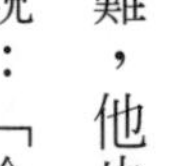

由於這次的抗議事件憨山大師處理得當，再加上事後的斡旋結果也相當令人滿意，因之在運糧船事件過後，憨山大師在雷州的聲望如日中天，不論是官府或民眾，若遇到無法解決的問題，大多會向憨山大師請益。因此，雷州有個得道高僧——憨山的這個消息，也隨之傳遍整個大江南北。

隨著聲名的大噪，憨山大師也自知難有安寧的日子，請他講法、解決問題的地方士紳，絡繹不絕。

到了這年七月，大師收到韶州觀察史的來信：

憨山大師慧鑑：

本官素來久仰大師高德，今禪門源頭——曹溪，因乏人管理，以致弊端叢生、問題重重。不知大師是否願意前來曹溪南華寺主持寺務，以利改革曹溪弊病？

韶州府尹　祝惺存

憨山大師看完這封信之後，忽然想起幾年前，他在被發配到雷州來的途中，與好友紫柏達觀的對話。

「……這段日子，我一直在廬山等著你一起去曹溪呢！」紫柏無限感慨地說：「誰知一接到消息，竟是你已被發派到雷州充軍，眞是冤枉！」他搖搖頭嘆了口氣。

「你就別再唏噓了，身爲禪門中人，應該要有更豁達的心胸去承受一切變故。」憨山大師心想或許此去雷州又是另一個契機，過去太專注於對師父西林大師的承諾——復興報恩寺，而忽略了許多其他更值得去關心、去注意的事件。經過這些年來的努力，相信師父應該能夠體諒其中的難處，而自己也算是對自己有個交代。

憨山接著說：「也許現在應該是我拋開過去、潛心修行的時候了，還眞得好好感謝那位判我充軍的鎮撫呢！要不是他，我恐怕到現在還陷在那個窠臼裡無法自拔呢！」

紫柏苦笑道：「你還眞是豁達，絲毫沒有半句怨言。」

「說那麼多怨言有什麼用？到頭來苦的還是自己，」憨山大師豁達地說：「每一個人生來都有千萬個逆境，跨過一個逆境就表示更向大智慧接近。更何況放眼天下，比自己苦的人比比皆是，我們又何必用忿怒及憎恨來增加自己的不快樂呢！」

紫柏點點頭：「這倒也是，只是你這一去，我們改革禪門源頭——曹溪弊病的這個心願，恐怕不曉得何時才能完成？」

憨山大師一聽到紫柏提起這個心願，情緒也忍不住低落：「是啊！開國以來禪學逐漸沒落，跟曹溪環境惡劣，無法培植人才有很大的關係。我本來也想等這場官司結束後，立刻到廬山與你會合，一起到曹溪改革叢林制度的，誰知造化弄人，現在恐怕只能靠你了……。」

「別這麼說，我已經爲你在佛祖面前發願誦《法華經》一百遍，相信佛祖會保佑你這一路平安無事的。」紫柏眞誠地說道。

回憶至此，憨山大師不禁感到這一切冥冥中似乎早有定數——佛菩薩給了

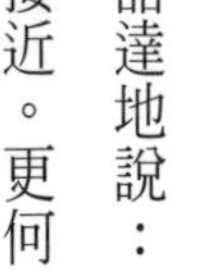

他這麼好的一個機會來達成他的心願，他怎能不好好珍惜呢？於是他不但接受了祝道尹的邀請，並且還馬上在萬曆二十九年（西元一六〇一年）正月趕赴曹溪，準備一展身手。

憨山大師一到曹溪，便立刻透過官府的幫助，將原本屬於佛寺的資產，一一從當地流氓手中取回，並開始修建寺院、制定寺規。因此在這段期間，沉寂已久的禪學發源地——曹溪，一掃近百年來的積垢，益發顯得充滿朝氣活力。

但憨山大師待在曹溪的日子也沒有太久。萬曆三十一年（西元一六〇三年）冬天，紫柏因爲一封爲憨山大師打抱不平的書信，而被誣陷撰寫「妖書」妖言惑眾導致入獄；憨山大師身爲他的好友，雖然身在遙遠的南方，與他久未聯絡，卻仍無法避免有心人士的刻意抹黑而遭受波及。因此次年正月，憨山大師又在京城的命令下整裝回到雷州。

就這樣，憨山大師一直到萬曆三十四年（西元一六〇六年）秋天，因爲神宗喜獲皇孫，大赦天下，才有機會再次回到曹溪主事。但這次回到曹溪，卻爲他帶來另一場官司。

＊　＊　＊

「憨山師父眞是厲害，連我們佛寺的大殿，都有辦法請到制台大人派衙役爲我們修建。」南華寺內兩個正在清掃庭院的胖、瘦和尚閒聊著。

「可不是嘛！要整修大殿還不是件簡單事，光重建所需耗用的木材，就是一筆可觀的數目。若再加上人工費用，那就只能用天價來形容，普通人還捐不起呢！」瘦和尚附和。

胖和尚一聽瘦和尚這麼說，立刻停下手邊的清掃工作，左右張望了一下，神祕兮兮地靠近瘦和尚，並且壓低音量說：「聽說這次憨山師父要親自到端州採買重建大殿的木材？」

「是啊！我也是這麼聽說。」瘦和尚像是被胖和尚感染了般，也壓低音量神祕地說。

「那就對了，」胖和尚彷彿從瘦和尚口中得到了證實：「憨山師父這次肯定可以撈到不少錢。」

「你別亂說！」胖和尚此話一出，立刻引得瘦和尚緊張地張大眼、看了看附近有沒有人在偷聽？當他確定四周一個人也沒有之後，才放下心來：「這種話可不能亂說，我看師父不像這種人。」他對胖和尚的話頗不以爲然。

胖和尚見瘦和尚一點也不相信的樣子，很不服氣：「怎麼不會？你別傻傻的，人家講什麼你就信什麼，用點腦筋去想嘛！」他分析給瘦和尚聽：「你想想，採買建材這件事是多麼地繁瑣——要上端州山區實地勘查木材的品質，還要不時與木材商溝通、聯繫木材的運送時間與方式……。這麼多事情，其實憨山師父可以交代給其他人做，可是他卻以六十四歲的高齡事必躬親，你不覺得這其中另有蹊蹺嗎？」他說得頭頭是道。

「這……。」瘦和尚聽了也覺得頗有道理。

「你再想想，當初憨山師父爲什麼被朝廷發配到雷州？」

瘦和尚露出恍然大悟的神情：「對啊！聽說他那件訟案，就是因爲皇上不滿太后捐給憨山師父太多獻金所引起的。」

「這不就結了！」胖和尚得意地說道：「所以我說這件事一定有問題，即使是出家人，總也有六根❶不淨的時候，更何況憨山師父經手的全是大筆大筆的錢財。依我看，在這種情況之下，若要做到不動如山，還眞得有相當高的道行才行呢！」

道人長短的耳語，透過有心人的嘴總是傳播得特別快；就在萬曆三十七年（西元一六〇九年）二月，憨山大師歷經千辛萬苦，欲將木材從端州運回南華寺時，卻發現自己及這些建材根本不得其門而入。

「你們這是在做什麼？」憨山大師問攔在門口的眾僧。

「做什麼你自己最清楚，這次去端州撈了多少油水？」胖和尚十分不客氣地質詢。

「我撈油水？」本來還「丈二金剛摸不著頭腦」的憨山大師，這下全部明瞭了——就像上次那件冤獄般，「欲加之罪，何患無辭」？因此憨山大師這次學聰明，立刻將事情經過具狀向按察院說明，要求按察院查明事情的眞相，還

他一個清白。但人算不如天算，在寺內和尚的指證歷歷、按察院的草率判決下，憨山大師初審竟然打輸了。

「這太離譜了吧？」就在按察院準備執行判決的前夕，憨山大師在雷州的難友——前御史樊友軒在了解內情後，作了如上的表示。

「寺內的僧友一致指證我侵奪善款八千兩，而唯一能證明我清白的收支明細單據，又都沒人去注意，所以……。」憨山有些疲憊地說。

樊友軒見憨山大師一下子蒼老了許多的面容，十分感慨：「年頭眞的變了！連本該最單純的寺院也都充滿了猜疑、中傷……。」

「別怪他們！」憨山大師打斷樊友軒的話：「我自己也有不好，這次採買木材因爲時間緊迫，所以沒將帳冊整理清楚，這是我的疏失。我相信他們的本意只是希望能將每一筆善款的流向弄清楚，我已經利用時間把帳冊整理出來，我想這些內容應該可以解答他們心中的疑惑。」他將帳本推到樊友軒的面前。

樊友軒拿起帳本翻了翻後，忍不住嘆了口氣：「你這樣處處爲別人設想，到頭來卻換得這樣的結果……。好吧！我今天回去就幫你寫張狀紙，直接投遞

到御史衙門，我有些志同道合的同事還在裡面任職，可以請他們幫忙看看這件案子還有沒有轉圜的餘地。」他承諾。

這一次的訟案，在樊友軒的四處奔走下，終於有了翻案的機會。御史衙門在接到樊友軒遞來的狀紙後，發現當中有許多疑點按察院並未詳加查明就輕下判決，過程略嫌草率，因此便下令韶州府尹親自到南華寺查明。

經過經年的查證後，終於在兩年後，也就是萬曆三十九年（西元一六一一年）還給憨山大師一個清白，同時那些誣告憨山大師的僧人，也在他的求情下沒被判刑；而憨山大師這種不計前嫌的寬大胸懷，更爲他贏得曹溪僧眾的一致愛戴。

❖註釋❖

❶六根：眼、耳、鼻、舌、身、意六種感官。

09

專心著述功德圓滿

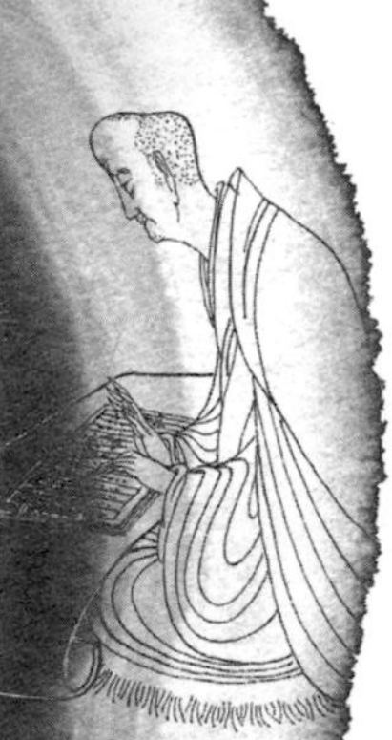

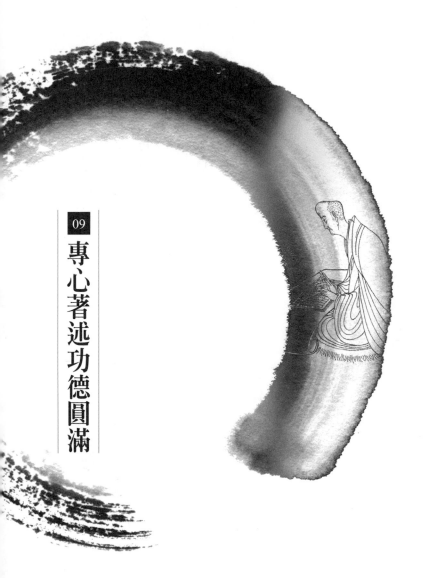

「大師，您眞的不考慮再留下來？」祝道尹在判決過後問憨山大師。

憨山大師搖搖頭：「我年紀大了，身體大不如從前，所以我想歸隱山林，一方面養養病，二方面也可以將這些年來研讀佛經的心得記錄下來，傳給後人參考。至於改革曹溪的事，我想過了，應該多給年輕人一些機會，讓他們爲禪學多注入些活力，也許這樣對禪門的復興會比較好。」

因此，憨山大師便在當年三月間，到端州鼎湖山養病。在這段清修的日子裡，他完成了不少著作，包括《大學綱目決疑》、《法華經通義》、《東遊集》等等。

到了萬曆四十四年（西元一六一六年），憨山大師遊廬山的五乳峰，見到山中幽靜的景致，深受吸引，便在五乳峰創建法雲寺。他效法東晉的慧遠大師在廬山結社，從此歸隱廬山並專修念佛法門，一心念佛。

然而另一方面，曹溪南華寺的部分僧人一直沒忘記憨山大師，在憨山大師離開南華寺的第六年——明熹宗天啓二年（西元一六二二年），憨山大師終於禁不起眾人的一再邀約，再次回到曹溪。但可惜的是，憨山大師這第三次入主

曹溪的時間並不長——隔年十月十一日（西元一六二三年），他以七十八歲的高齡在寺內圓寂❶，結束了他傳奇的一生。

後人爲了感念大師振興曹溪的貢獻，不但尊稱憨山大師爲「曹溪中興之祖」，同時在崇禎十三年（西元一六四〇年），將大師的遺骸以漆布加之處理，升上講座供後人瞻仰，也就是現在中國大陸南華寺內所供奉的憨山大師肉身像。

大師一生經歷艱險，因此他遺留給後人的，除了晚年豐富的佛學著作之外，還有其不畏逆境、愈挫愈勇、感恩惜福、寬大慈悲的高貴行誼！

❖註釋❖

❶圓寂：生命圓滿地結束，歸於寂靜。常用於敬稱僧人的逝世。

佛學視窗

- 時代背景
- 憨山大師對曹溪叢林的改革
- 憨山大師的主要思想
- 憨山大師的修行方法
- 憨山大師的影響與貢獻
- 憨山大師年表

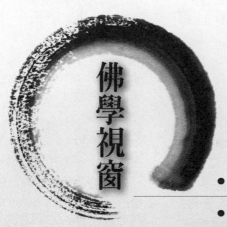

時代背景

憨山大師法號德清，字澄印，憨山是他的別號。生於明世宗嘉靖二十五年（西元一五四六年），往生於熹宗天啓三年（西元一六二三年）。憨山大師的一生經歷了四位皇帝，而他個人的全盛時期是在明神宗在位的萬曆年間。

明末的政治

神宗在少年繼位時，有張居正輔政，推行「一條鞭法」，由於政治清明且整頓吏治、裁汰冗員、治理黃河等一系列改革，使得人民受益不淺。但是神宗親政以後，卻大興土木營建宮苑，並派出宦官四處收刮錢財；此外，神宗有二十多年沒有上朝，群臣的奏章也根本不看，當時宦官專權、政治腐敗，而朝臣大多各結朋黨，專門以排斥異己爲目的。連帶的，使佛教界許多人受到政治迫害，如神宗萬曆三十年（西元一六〇二年），李卓吾於獄中自殺；萬曆三十一年（西元一六〇三年），紫柏大師因「妖書案」而死。也由於宮廷紛爭

的牽連，憨山大師被流放到嶺南多年等。這些對憨山大師的一生，可以說有不小的影響。

明末的佛教

明朝的佛教之所以不振，與朝廷的政策可以說有極密切的關係，因爲明朝設立了中央集權的佛教統制機構。明朝在建國之初，爲了防止僧人的氾濫與不實，制定有關僧人名冊的「周知冊」，對於合格的出家人，一律免費發給度牒。然而到了後來，政府爲了饑荒，卻以一萬份空名度牒出售，以換取米糧，因此便產生賣牒的流弊。

到了嘉靖年以後，若不納銀，便得不到出家證明，也就不能成爲合法的僧尼。因爲以高價買到度牒後，便可以躲避政府規定的義務勞動與兵役，於是有不少不肖之徒買度牒成爲名義上的出家人，結果寺院方面出家人的水準普遍低落，缺乏眞實修行者，而且社會上有許多冒牌的權威與宗師。這都是官方以收銀代替考試度僧，造成僧人品質不齊與浮濫。

此外，朝廷禁止佛教舉行超過一百人以上的公開講經論學，結果使佛教學術難以發展，僧人普遍對戒律無知，忽視戒律。甚至牽涉官庭的是非，不時發生以匿名信毀謗的控告事件。

明朝佛教的急遽腐化，叢林制度被譏爲罪惡的巢窟。因爲叢林裡充斥著無學、無修、無知的僧徒，招致一般士大夫對僧人的輕視與侮辱，佛教在許多方面已經名存實亡了。因此憨山深感痛切，決心改革並復興佛教。

憨山大師對曹溪叢林的改革

曹溪是六祖惠能首開的道場，爾後被禪宗弟子尊爲祖庭，成爲禪宗的盛地。當憨山來到六祖當年興盛一時的曹溪南華寺，見到寺院破敗，寺僧流離失所，寺院的財產均爲外人所占據，於是他不考慮自己是個被充軍的人，奮起中興曹溪。

他的中興事業可歸納爲十大項：

㈠修補已經被破壞的地形與風水，重新開鑿水井與溝渠。

㈡拆掉壅塞不通的舊殿，重新將存放六祖肉身的卑陋祖庭，改建爲高敞可觀的建築。

㈢改變寺院缺乏養成制度的作法，召集全寺僧眾，選年輕力足者百餘人，俱爲授戒，並使寺院恢復叢林的正常作息。

㈣請制台戴耀東驅逐外來占山的店鋪與無業流棍，使寺院成爲眞正清修的場所。

㈤將曹溪長久以來僧俗彼此含混不清的債權債務糾紛加以解決，使出家人得以安居無擾。

㈥貫徹並嚴禁畜養牲畜，改革殺生屠宰的民間祭祀習俗，既節省大筆浪費，又增進叢林清淨。

㈦由於過去寺僧中管事者與佃戶共同串通作弊，使得寺院常常入不敷出。憨山大師依據《百丈清規》的叢林管理辦法，從僧眾中舉公正廉能者十名爲新管事僧，令其對六祖發誓，刺血書盟，絕不舞弊。又設庫司、管常住監寺四人，執掌收支。並總計各莊總收入，調派各應支款項，使寺中銀錢往來，帳目清楚，供應無缺。

㈧由於憨山向官方交涉得當，所以豁免繳納政府額外徵收的賦稅，並增加寺院田地的面積。

㈨收復被豪強侵占的寺後祖山，爲祖庭禪道的振興奠定了基礎，同時使曹溪祖山保持完整。

㈩重新整建禪堂，且另買黃山柴山一片，皆歸禪堂，以中興常住。並將禪修與外僧留宿的功能分開，使寺內僧眾得以精修道業。

由於憨山大師的努力，使得曹溪氣象一新。然而他的改革行動，也得罪當地豪強及部分不法的寺僧，爲他帶來了官司與挫折。然而他的作法確實中興了破陋已久的曹溪，並爲後代留下了珍貴的典範。

憨山大師的主要思想

唐末以後的禪宗，是以公案為中心的祖師禪。也就是將前輩禪師中，一些比較具有特色和參考價值的開悟過程及方法等經驗，當作一種典範來參考，而不用經典。然而，憨山不只是如此，他重視實證實修，也認同經典，他認為教理的基礎與眞實的修行都很重要。

憨山在五台山苦修開悟，在牢山清修再度開悟，這兩次的重大經歷，使他在禪修與學識上奠定一代高僧的地位。而他於三十三歲那年，進入彌勒樓閣的一個夢境，在夢中聽了彌勒菩薩的說法，並從自己修行內證的經驗，明白了智與識的不同。

他對於佛學的體驗與詮釋是以實際修行的立場為著眼，也因此他反對佛教中的門戶與派別之見。他非常不認同有些人尚未開悟便妄自稱為某宗派祖師的子孫，認為如果脫離了修證經驗，而專門強調法脈的傳承是無意義的。

憨山大師的修行方法

憨山將一切的世間出世間法均歸於禪。他將佛法中的修行方法，如參禪、念佛、持咒、誦經，均當作禪法。他個人的修行方法是以參禪爲主，然而他也教人念佛或持咒。不過憨山的念佛法門，可以說即是禪觀法門。他的見解中，念佛觀想是正行，發願是助因，持戒是基本。

他教人要隨順自心，淨除妄想習氣，不得含求玄妙，不要祈求開悟，不要希望得到什麼果位，更不能自我懷疑。等到工夫自然純熟，一念妄想頓歇，徹見自心本來圓滿光明廣大，清淨本然，了無一物，便是悟。憨山大師死後同禪宗六祖惠能一樣，在曹溪留了全身舍利，供人瞻養，可見他的修行工夫。

他不但重視禪宗，也從事禪宗以外經律論的註釋與疏解。如儒學中的許多理論對憨山的佛學思想，也起了相當大的作用。由於當時陽明學說非常盛行，所以憨山也吸收這方面的思想，因爲一方面可以藉此強化佛教與陽明學派的思想溝通，另一方面也可以融攝世俗學問在佛學體系中，爲佛教的僧材教育增添

新材料。

另外，憨山的思想有許多獨到的地方，如「空非絕無」的論述。他強調「空」實則上就好像「旁若無人」，旁邊其實是有人，只不過當作無人罷了。這種理論實際上也爲他後來積極出世、交遊權貴等許多作爲，打下了基礎。雖然如此，但在他的許多詩文中，一再表達出不羨富貴、輕視物質，想要逍遙於宇宙，隱居於山林，自由自在生活的心聲。可見他與當代權貴的交往，並非出於攀附，而是爲了弘揚佛法、爲了眾生。

憨山的著作與思想，對研究明代佛教與中國近代佛教思想者而言，有相當重要的價值與地位，在教內他主張「性相融會」、「禪教合一」；在佛教以外，他也對儒、道二教，採取融通的態度。他敞開胸襟，等視各宗各派的心量，可以說是他的理想，也代表當時的時代潮流。

憨山大師的影響與貢獻

憨山在世的時候，曾經將太后賞賜給他修寺的三千兩，布施給山東的災民，以解決他們的生計問題；在廣東，他幾次求雨得雨，解除了旱災的恐慌與瘴癘的危機；爲了重修被雷火燒毀的報恩寺，連太后都爲他節衣縮食。此外，當他被充軍到廣東時，依然發揮他的影響力，與邊疆大吏、州府縣官、朝廷顯要，以及學士名流，都有結交來往。在《憨山老人夢遊集·書問》中的資料顯示，與他在流放期間有書信往來的親王、相國、太宰、侍御、地方官吏、錦衣衛等就有近百人。也因此他在充軍期間，雖是犯人身分，卻可自由地往來於廣東各地宣揚佛法，且中興曹溪、重闢祖庭，這些都可看出他的不同凡響。

他的著述甚多，有《華嚴綱要》八十卷、《楞嚴經通議》十卷、《法華經通義》七卷、《起信論直解》、《圓覺經直解》、《肇論略註》二卷、《唯識論解》、《百法論義》、《八識規矩頌通說》、《淨土會語》、《中庸直指》、《春秋左氏心法》、《道德經解》、《觀老莊影響論》等。另有門人福善、通炯匯編的《憨山老人夢遊集》五十五卷、《憨山語錄》二十卷。

憨山大師的傳記資料是明末諸大師中最完整的一位。他的《年譜》及《憨山老人夢遊集》，不但記載了他的行誼和思想，也為晚明佛教界活動現況保留了詳盡的史料。憨山大師是明末禪者為他人寫作傳記及塔銘最多者，在他的《夢遊集》中，所收的僧俗塔銘達三卷二十二人，傳記一卷七人，每一篇都非常具有特色與價值。像他為明末四大師之一的蓮池大師撰寫的〈古杭雲棲蓮池大師塔銘〉及為達觀大師撰寫的〈達觀大師塔銘〉，都是可以流傳後世的絕佳散文。

由於憨山有相當深厚的宗教經驗與省悟的境界，而且學問淵博、文采飛揚，所以能弘化於當時，也能影響於後世。也因為他對明朝佛教的貢獻，所以被尊為明朝四大師之一。

憨山大師年表

中國紀元	西元	年齡	憨山大師記事	相關大事
明世宗 嘉靖二十五年	1546	1	出生於安徽全椒的蔡姓人家。	
嘉靖三十六年	1557	12	從金陵報恩寺西林永寧法師誦習經教，聽無極大師講經。	葡萄牙人占據澳門。
嘉靖四十三年	1564	19	請祖翁披剃，法名德清，再從無極大師受具足戒，自取字號「澄印」。	倭寇平定。
嘉靖四十四年	1565	20	西林大師入滅。	
嘉靖四十五年	1566	21	報恩寺大火。於天界寺聽法，結識妙峰法師。	

明穆宗 隆慶五年	1571	26	與雪浪師兄遊廬山，年末獨自北遊。	
隆慶六年	1572	27	參訪徧融、笑巖兩位大師。	
明神宗 萬曆元年	1573	28	正月遊五台山，至北台憨山，見其奇秀，默取爲號。	
萬曆二年	1574	29	閱僧肇《物不遷論》，解生死之疑。	
萬曆三年	1575	30	龍門靜修開悟，證得耳根圓通。	
萬曆四年	1576	31	爲五台山山林被盜，請命於胡太守。結冬於胡太守府，曾入定五日之久。	
萬曆六年	1578	33	夢至兜率天聽彌勒菩薩說法。	

萬曆九年	1581	36	奉慈聖皇太后命，與妙峰、大方兩位法師共辦祈儲法會。	利瑪竇來華。
萬曆十一年	1583	38	以聲名過大，易號憨山，移居東海牢山。	努爾哈赤起兵。
萬曆十二年	1584	39	慈聖皇太后賜金三千兩，以山東饑荒，轉用賑災。	
萬曆十四年	1586	41	太后賜《大藏經》一部，建海印寺以藏經。	
萬曆二十三年	1595	50	以私修寺院的罪名，被誣入獄，流放雷州。	
萬曆二十四年	1596	51	雷州大旱，疫癘橫行，舉行超度法會，一時天降甘霖。	
萬曆二十九年	1601	56	復興曹溪祖庭，使百廢俱舉。	利瑪竇入京。

萬曆三十二年	1604	59	受紫柏禪師牽連，復被貶至雷州。	
萬曆三十四年	1606	61	皇孫出生，大赦天下，重返曹溪。	
萬曆三十七年	1609	64	因修建曹溪祖殿受誣陷，訴於官府。	
萬曆三十九年	1611	66	獲得清白，然心生厭倦，遂離山而去。	東林黨爭起。
萬曆四十四年	1616	71	於廬山五乳峰創建法雲寺。	努爾哈赤建後金國。
明熹宗天啓二年	1622	77	再入曹溪。	
天啓三年	1623	78	十月十一日飲水沐浴，焚香禮佛，端坐而逝。	

國家圖書館出版品預行編目資料

一缽行天涯：憨山大師 / 江曉莉著；劉建志
繪. -- 二版. -- 臺北市：法鼓文化，2009.
08
面； 公分

ISBN 978-957-598-475-5(平裝)

224.515 98011514

高僧小說系列精選 6

一缽行天涯——憨山大師

著者／江曉莉
繪者／劉建志
出版／法鼓文化
總監／釋果賢
總編輯／陳重光
編輯／李金瑛、李書儀
學佛視窗／朱秀容
封面設計／兩隻老虎廣告設計有限公司
內頁美編／小工
地址／臺北市北投區公館路186號5樓
電話／(02)2893-4646 傳真／(02)2896-0731
網址／http://www.ddc.com.tw
E-mail／market@ddc.com.tw
讀者服務專線／(02)2896-1600
初版一刷／1996年3月
二版三刷／2019年7月
建議售價／新臺幣160元
郵撥帳號／50013371
戶名／財團法人法鼓山文教基金會—法鼓文化
北美經銷處／紐約東初禪寺
Chan Meditation Center (New York, USA)
Tel／(718)592-6593 Fax／(718)592-0717

法鼓文化